Reiner Zimmermann

Die Paraderäume Augusts des Starken im Dresdner Schloss

Von der Einrichtung 1719
bis zur Rekonstruktion 2016–19

DONATUS

Dr. Reiner Zimmermann, geboren 1941 in Neustadt/Orla, studierte von 1960 bis 1965 Musikwissenschaft, Kunstgeschichte und Theaterwissenschaft in Leipzig. 1968 promovierte er „Über den Begriff des Sinfonischen in den Kammersinfonien des 20. Jahrhunderts". Von 1966 bis 1985 arbeitete er als Lektor bei der Edition Peters, wo er u. a. als Herausgeber von Kompositionen von Gabriel Fauré, Claude Debussy, Camille Saint-Saëns, Giacomo Meyerbeer und Felix Mendelssohn Bartholdy tätig war. Von 1985 bis 1991 wirkte er als Dramaturg bei den Dresdner Musikfestspielen und übernahm anschließend bis 2003 die Leitung der Abteilung Kunst im Sächsischen Staatsministerium für Wissenschaft und Kunst.

Seit 2009 ist er der Editionsleiter der Musikalienreihe „Denkmäler der Tonkunst in Dresden". Von 2015 bis 2019 übernahm er den Vorsitz der Schlosskommission Wiederaufbau der Paraderäume im Dresdner Residenzschloss.

Er legte mehrere Publikationen vor; u. a. die Autobiografie von Jules Massenet (1982), Camille Saint-Saëns, Musikalische Reminiszenzen (1978), Giacomo Meyerbeer, Biografie nach Dokumenten (1991), Johann Gottlieb Naumann (1991) und Tannhäusers Brautzug (2013).

Bibliografische Information der Deutschen Nationalbibliothek:
Die Deutsche Nationalbibliothek verzeichnet diese Publikation in der Deutschen Nationalbibliografie; detaillierte bibliografische Daten sind im Internet über www.dnb.de abrufbar.

Impressum

© 2020 Donatus-Verlag

Umschlag:	spitzenton.design
Verlag:	Donatus-Verlag, Niederjahna
Umschlagfoto:	Romy Petrick
Herstellung:	Books on demand, BOD Norderstedt
ISBN:	978-3-946710-34-9

Inhaltsverzeichnis

Südwestlicher Treppenturm und Sgraffiti am Westflügel, 2020.

Vorbemerkung

Das ehemalige Dresdner Residenzschloss hat seine Seele wieder: die Paraderäume im zweiten Obergeschoss des Westflügels. 1945 mit dem gesamten Gebäudeensemble ausgebrannt und bis 1986 eine Ruine, wurden sie ab 2016 rekonstruiert und konnten am 28. September 2019 wieder der Öffentlichkeit zugängig gemacht werden – 300 Jahre nach einer großen Staatsaktion: dem Empfang der Habsburger Erzherzogin Maria Josepha (1699–1757) mit ihrem frisch angetrauten Ehemann Friedrich August (1696–1763), dem Sohn des bekannten sächsisch-polnischen Kurfürst-Königs August II., genannt August der Starke (1670–1733). Zwischen 1718 und 1719 waren für das Brautpaar in kurzer Bauzeit fünf repräsentative Feständorume entstanden – mit einer erlesenen Inneneinrichtung, für die bereits Jahre zuvor prachtvolle Möbel, Spiegel und andere Gegenstände von den besten Kunsthandwerkern Europas geliefert worden waren. Nach diskursreicher Planung zwischen August dem Starken und dem für alles Bauen verantwortlichen August Christoph Graf von Wackerbarth (1662–1734) entstand im Westflügel ein bewundernswertes Gesamtkunstwerk. Allerdings war all dies seit der Beräumung des Schlosses im Jahres 1942 aus dem öffentlichen Bewusstsein komplett verschwunden.

Die Rekonstruktion der Räume und ihrer glanzvollen Innenausstattung konnte nur gelingen, weil von 2008 bis 2019 etwa 300 erfahrene Fachleute, Restauratoren, Bau- und Kunsthandwerker und Wissenschaftler vieler Disziplinen jedes Detail mit größter Sorgfalt untersuchten und schließlich immer Wege fanden, dass die Ergebnisse den Originalen so nahe wie möglich kamen. Die Staatsregierung des Freistaats Sachsen, ihre Ministerien und nachgeordneten Einrichtungen schufen die finanziellen, materiellen und organisatorischen Voraussetzungen für ein Projekt, von dessen Einzigartigkeit sich nunmehr jeder Besucher überzeugen kann.

Im Folgenden soll dargestellt werden, wie die ursprüngliche Gestaltung der Räume angelegt war und welche umfangreichen Maßnahmen mit Bestandsanalysen, Materialforschungen, kunsthistorische und technologische Forderungen u.v.a.m. zum Wiederaufbau der Paradestrecke notwendig waren.

Dabei soll der Weg verfolgt werden, den Maria Josepha von Habsburg als Braut bei ihrer Ankunft am 2. September 1719 im Dresdner

Nordflügel des Dresdner Residenzschlosses nach der Zerstörung am 13. Februar 1945.

Schloss zurücklegte. Außerdem gibt es einen Ausblick auf das Planetenfest, das aus Anlass der Hochzeit ab dem 10. September 1719 für vier Wochen in Dresden veranstaltet wurde.

Als Leiter der Abteilung Kunst im Sächsischen Staatsministerium für Wissenschaft und Kunst (SMWK) von 1991 bis 2003 war ich mit dem Wiederaufbau des Dresdner Schlosses vertraut. Die entscheidende Kabinettsvorlage, die die Nutzung des ganzen Schlosses für die Staatlichen Kunstsammlungen festlegte, war im MuseumsReferat meiner Abteilung auf Grundlage der fachlichen Zuarbeit des Generaldirektors der SKD, Prof. Werner Schmidt, und seiner Mitarbeiter vorbereitet worden.

1996 hatte zudem eine internationale Gruppe von Denkmalpflegern, Museologen und Architekten unter Leitung des renommierten Kunsthistorikers Hugo Borger nach intensiver Begutachtung die Aufbaukonzeption der Dresdner Denkmalpflege bestätigt und Grundlagen für ein Nutzungskonzept erarbeitet.

Am 23. Februar 2015, zum 30-jährigen Jubiläum der Wiedereröffnung der Semperoper, warb mich der Leiter der Niederlassung I des Sächsischen Immobilien- und Baumanagements (SIB), Ludwig Coulin, verantwortlich für den Schlossaufbau, für die Mitarbeit in einer Gestaltungskommission, die alle Maßnahmen für die Inneneinrichtung diskutierte und entschied. Als Vorsitzender dieser Kommission erhielt ich einige dicke Aktenordner mit der Entwurfsplanung Bau, die alle Details und Kosten zum Wiederaufbau der Paraderäume enthielt. Den 39 Sitzungsprotokollen der Kommission verdanke ich einen Teil der fachlichen Beschreibungen der Rekonstruktionsmaßnahmen.[1]

Außerdem hatte ich eine andere „Qualifikation" vorzuweisen: Als Editionsleiter der Reihe „Denkmäler der Tonkunst in Dresden", herausgegeben vom Institut zur Erforschung und Erschließung der Alten Musik in Dresden e. V., hatte ich zwei Titel betreut, die mit der Fürstenhochzeit von 1719 eng verbunden waren: die Ouvertüre zur Festoper „Teofane", uraufgeführt am 13. September 1719, sowie die Ouvertüre zum Melodramma Pastorale „Giove in Argo" (1717), das am 3. September 1719 ebenfalls aufgeführt worden war.[2] In diesem Zusammenhang hatte ich mich mit den Hochzeitsfeierlichkeiten ab dem 2. September, der Ankunft des Brautpaares Kurprinz Friedrich August und seiner Gattin Maria Josepha aus dem Hause Habsburg, und dem vierwöchigen Planetenfest vom 10. bis 30. September befasst.

Moderner Treppenbereich im Bärengartenflügel, der zu den Paraderäumen führt, Juni 2020.

Von der Ruine zur
Wiederherstellung eines Prachtbaues

Grundlagen der Rekonstruktion

Am 17. Dezember 1997 beschloss das Sächsische Kabinett unter dem damaligen Ministerpräsidenten Kurt Biedenkopf (geb. 1930) den Wiederaufbau des ehemaligen Dresdner Residenzschlosses als Monument sächsischer Geschichte und Kultur zu einem zentralen Museum für die Staatlichen Kunstsammlungen Dresden (SKD). Nach der Zerstörung bis auf die Grundmauern am 13. Februar 1945 war die Ruine in der sozialistischen DDR jahrzehntelang durch ideologische Vorbehalte gegenüber einem Bau aus der feudalen Klassengesellschaft ständig in ihrem Bestand gefährdet. Nur der Phantasie damaliger Denkmalpfleger wie Hans Nadler (1910–2005) und seiner Mitarbeiter sowie der Hartnäckigkeit Dresdner Bürger war es zu danken, dass ein Abriss unterblieb.

Bereits 1983 hat Gerhard Glaser (geb. 1937), damals Chefkonservator im Institut für Denkmalpflege Dresden, eine „Denkmalpflegerahmenzielstellung" formuliert, die alle wesentlichen Aspekte eines Wiederaufbaus im Hinblick auf eine museale Nutzung enthielt. Im Zusammenhang mit der Eröffnung der Semperoper im Februar 1985 konnte der 1. Sekretär der Bezirksleitung Dresden der SED, Hans Modrow (geb. 1928), die SED-Führung in Berlin auch von einem Wiederaufbau des Schlosses überzeugen.

Bis 1989 wurde das Grundkonzept für den Rohbau des Schlosses erarbeitet, Schutt beräumt, so dass viele wertvolle Fragmente wie Portale, Stuckelemente im Großen Ballsaal, Trümmer der Marmorgewände von Türen und Kaminen und vieles andere gefunden wurden. Außerdem wurden wesentliche statische Sicherungsmaßnahmen vorgenommen wie die Einziehung der Decken, so dass die Räume u.a. als Werkstätten, Depots oder sogar vorübergehend für Ausstellungen dienen konnten.

Für eine Museumsnutzung war es unumgänglich festzulegen, welche Schlossräume in historischer Gestalt rekonstruiert und welche Räume „nutzerneutral", d. h. ohne Bezug zur ehemaligen historischen Einrichtung, hergerichtet werden sollen. Lediglich ein Fünftel der Raumensembles sollte historisch getreu wieder entstehen, u.a. das Historische Grüne Gewölbe, die Paraderäume im Westflügel, der Kleine Ballsaal, die Englische Treppe und der Nordflügel, während z. B. das Neue Grüne Gewölbe oder die Türckische Cammer in nutzerneutralen Räumen

11

eingerichtet wurden. Zu den Räumen, die unbedingt rekonstruiert werden sollten, gehören die Paraderäume im zweiten Obergeschoss des Westflügels, die August der Starke 1718/19 besonders aufwändig ausstatten ließ. Zur Hochzeit seines Sohnes Friedrich August II. mit der Habsburger Erzherzogin Maria Josepha war das Kostbarste aufgeboten worden, was damals in Europa bekannt war. Die Festräume im Westflügel waren dabei die politisch höchstrangigen Räume des Residenzschlosses und ganz Kursachsens und lassen die historische Bedeutung des Hofzeremoniells an einem der wichtigsten Höfe des Heiligen Römischen Reiches Deutscher Nation erkennen.

Mit den Erfahrungen der Rekonstruktion des Historischen Grünen Gewölbes wurden die Arbeiten am Westflügel vom Bauträger, der Niederlassung I des Staatsbetriebes Sächsisches Immobilien- und Baumanagement (SIB) im Auftrag des Sächsischen Staatsministeriums der Finanzen, seit 2003 geplant und ab 2016 unter der fachkundigen Leitung von Ludwig Coulin, ab 2017 von Ulf Nickol, und Holger Krause aufgenommen. Zunächst war die grundsätzliche Frage zu klären, ob der Zustand von 1718/19 oder der gewachsene Zustand der Räume bis 1945 wiederhergestellt werden sollte. Die Entscheidung fiel zugunsten der denkmalgerechten Wiederherstellung der Räume und der gesamten Inneneinrichtung, wie sie aus dem Augusteischen Zeitalter (bis 1763) überliefert ist.

Bevor jedoch ein Restaurator oder ein Handwerker überhaupt mit einem Handschlag beginnen konnte, waren viele Überlegungen und Vorbereitungen notwendig, denn es handelte sich nicht um den Neubau eines Hauses, sondern um die Wiederherstellung eines vielgestaltigen historischen Gebäudeensembles. Vor allem die Annäherung an Handwerkskünste, die vor 300 Jahren angewendet worden und längst in Vergessenheit geraten waren und zu deren Ausführung uns die meisten Voraussetzungen fehlten, stellten alle vor besondere Herausforderungen. Daher waren einige Fragen zu stellen und zu klären:

- Wie war das Schloss früher eingerichtet?
- Was haben Krieg, Zerstörung, Auslagerung übrig gelassen?
- Was geschah ab 1986 in der Schlossruine?
- Warum muss alles wie früher eingerichtet werden?
- Was kann heute wieder auf- und ausgestellt werden?
- Welche Techniken und Materialien sind nötig?
- Wie können alte Technologien wieder reaktiviert werden?
- Wer kann was wieder herstellen?

12

- Wollen alle, dass es wieder so wird wie früher?
- Welche neuen technischen Erfordernisse und Standards sind zu beachten?
- Wer bezahlt das alles?
- Was tut man, wenn plötzlich die Finanzierung ausgesetzt wird? u. v. a. m.

Dazu stellten die SKD zunächst eine „Nutzerforderung" auf, in denen die Museen ihre Vorstellungen von der Einrichtung der Räume darlegten. Diese war Voraussetzung für die Entwurfsplanung (EW Bau) des SIB.[3] In den Jahren nach 1986 war auch die Raumkubatur der Paraderäume im Rohbau wiederhergestellt worden, sodass einzig die Außenwände und einige Querwände von der alten Bausubstanz vorhanden waren. Gleichzeitig wurden Fragmente der baufesten Innenausstattung wie marmorne Kamin- und Türgewände oder Stuckreste gefunden, bestimmt, gesichert und zugeordnet. Ebenso wurden Reste der einstigen Innenausstattung, wie Spiegelteile oder textile Konvolute und weitere Fragmente, die sich in verschiedenen Museumsdepots befanden, auf ihre ehemalige Verwendung untersucht und katalogisiert. Weiterhin wurde in allen Museen der Staatlichen Kunstsammlungen nach weiteren Einrichtungsgegenständen wie den kostbaren Möbeln, vielfältigen Leuchterarten, Bildern, überhaupt nach allem gefahndet, was einst im Schloss untergebracht war. Auf diese Weise basiert die Rekonstruktion der Paraderäume auf einer Vielzahl von Originalen.

Die Entwurfsplanung für den Bau wiederum konnte erst konkret ausgeführt werden, nachdem eine Zielstellung für die Wiederherstellungsarbeiten vorgelegt wurde. Sie erfolgte in drei Stufen:

1. Die noch vorhandene Ausstattung wurde in die Entwurfszeichnungen und Kupferstiche von 1719 eingetragen. Damit hatte man einen Überblick über das Verhältnis von originaler Ausstattung und überlieferten Teilen.
2. Danach wurde die Zielstellung zur Rekonstruktion und zum musealen Ausbau der Paraderäume skizziert, indem Befunde von 1719, Überlieferungen aus der Zeit bis 1763, spätere Ergänzungen oder Veränderungen farbig markiert wurden.
3. Für jeden Raum wurden Übersichten nach bildlichen oder maßlichen Überlieferungen von jedem Raumelement erstellt, Befunde und Verluste notiert sowie die Rekonstruktionsvorhaben und -möglichkeiten zusammengefasst.

Grundlage für die Rekonstruktion eines jeden Raumes der Paradestrecke war eine wissenschaftliche Systematik,[4] die folgende Einzelheiten und Erkenntnisse sammelte und analysierte. Sie gründete u. a. auf der gründlichen Forschungsarbeit des Chefrestaurators Hans-Christoph Walther, der in einer Dokumentation, die mindestens drei Aktenschränke füllt, jedes Detail eines jedes Raumes vom Fußboden bis zur Decke sowie Einrichtungsgegenstände systematisch erfasst hatte. Hier ein Beispiel des Eckparadesaals und der untersuchten Aspekte:

- Baugeschichte, zeitlicher Abriss
- Rohbau
- Messbildauswertung / Bauarchäologie
- Deckengestaltung einschließlich Hauptgesims
- hölzerne Wandarchitektur (Wandverkleidungen)
- textile Ausstattung
- Baldachine
- Fenster
- Türen einschließlich Gewänden und Beschlägen
- Öfen und Ofennischen von 1767 und der von dieser Gestaltung angeregten Stuckmarmorrahmung des Türdurchganges zum Turmzimmer von 1890/92
- Marmorkamin, einschließlich Kamingerätschaften
- Gemälde
- Supraportengemälde
- Schaftspiegel
- Fußböden
- Kronleuchter
- Blaker (Leuchterhalterung) und Muschelleuchter
- Trumeauxleuchter (Wandleuchter mit Spiegeln) und Wandbranchen (Wandleuchter)
- Gueridons und Girandolen (Standleuchter)
- Möbel
- Uhren
- Deckengestaltung im Turmzimmer am Eckparadesaal einschließlich Hauptgesims
- Wandgestaltung im Turmzimmer am Eckparadesaal
- Fenster im Turmzimmer
- Fußboden im Turmzimmer
- Kronleuchter im Turmzimmer

Alle Aspekte der Wiederherstellung der Räume wurden gemeinsam von den Mitarbeitern des SIB und den verantwortlichen Direktoren und Mitarbeitern der beteiligten Museen – Rüstkammer, Kunstgewerbemuseum und Galerie Alte Meister – mit dem Landesamt für Denkmalpflege, mit Restauratoren, Kunstwissenschaftlern, Wissenschaftlern anderer Disziplinen, Architekten, gelegentlich auch unter Heranziehung von Spezialisten aus Instituten der TU Dresden, der Fraunhofer-Gesellschaft oder von Max-Planck-Instituten umfassend diskutiert und entschieden.

Nur auf einer solchen Grundlage war die möglichst originalgetreue Wiederherstellung der Paraderäume im Einzelnen gewährleistet. Zugleich waren Bauabläufe wie Einbau von technischen Anlagen, Medientrassen, Brandschutz- und Klimaanlagen, Bau einer Probeachse als wichtiges Anschauungsobjekt u. v. m. zu planen. Danach mussten die finanziellen Mittel des insgesamt auf 35 Millionen Euro veranschlagten Gesamtvolumens jahresweise geplant und vom Sächsischen Landtag beschlossen werden. 2011/12 wurde eine empfindliche Haushaltssperre über den gesamten Staatshaushalt verhängt, die auch die Arbeiten im Schloss fast zum Erliegen brachte und durch Stornierung von Aufträgen üblicherweise entsprechende Mehrkosten verursachte. 2013 ergab sich der glücklicher Umstand, dass durch Vermittlung des damaligen Bundestagsabgeordneten und jetzigen sächsischen Ministerpräsidenten Michael Kretschmer (geb. 1975) die Beauftragte der Bundesregierung für Kultur und Medien, Monika Grütters (geb. 1962), zustimmte, mit einer Kofinanzierung des Bundes die Fertigstellung des Westflügels maßgeblich zu unterstützen.

Die Kupferstiche von 1719 und ihr Quellenwert

Diese Hochzeit 1719 war nicht einfach eine der damals üblichen prunkvollen Staatsaktionen in dieser an Repräsentationsfeierlichkeiten reichen absolutistischen Zeit, sondern ein klug kalkuliertes Ereignis mit staatspolitischem Hintergrund.

Im Heiligen Römischen Reich Deutscher Nation war der sächsische Herzog seit der Goldenen Bulle Karls IV. von 1356, dem ersten „Grundgesetz" des Reiches, als Erzmarschall einer der sieben Königsmacher und als Reichsvikar amtierender Stellvertreter des „Erwählten Römischer Kaisers". Man kann das in der Umschrift im Fries des Hauptgesimses im Großen Schlosshof lesen, als für den ersten Kur-

Fassade des Zwischenflügels Nord mit Inschrift am Fries des Hauptgesimses (Ausschnitt), 2020.

fürsten Moritz im Dresdner Schloss nach seinen Haupttitel „Dux saxoniae" formuliert wurde: "Sacri Romani Imperii Archi Maschalcus". Übrigens befindet sich die gleiche Umschrift am Hauptgebäude der Landesschule Schulpforta bei Naumburg, nur dass statt Mauritius nunmehr Augustus für den nachfolgenden Kurfürsten geschrieben steht.

Als 1711 Kaiser Joseph I. starb, bedurfte es bis zur Wahl des nächsten Kaisers eines Fürsten, der die Reichsgeschäfte führte. Diese Funktion übernahm August der Starke. Er war inzwischen auf die Idee gekommen, sich oder seinen Sohn ebenfalls zur Wahl des Deutschen Königs als Voraussetzung für den Römischen Kaiser zu stellen. Dazu war einerseits neben dem verhältnismäßig kleinen Sachsen ein eigenes Reich wie das riesige Königreich Polen eine günstige Ausgangsposition, andererseits schien ihm eine dynastische Verbindung zum Haus Habsburg nützlich. August der Starke stand u. a. in Konkurrenz zu Louis XIV. (1638–1715), der sich ebenfalls bewarb. Anfang 1718 nahm der Wiener Hof die sächsische Werbung an.

Nunmehr hatte man noch eineinhalb Jahre Zeit, um ein neues Opernhaus zu bauen, den 1701 abgebrannten Ost- und Nordflügel des Schlosses wieder aufzubauen, die Paraderäume im Westflügel einzurichten und ein vierwöchiges Fest vorzubereiten, das alles Bisherige in den Schatten stellen sollte. Der sächsische Kurfürst wollte allen europäischen Herrschern die Leistungsfähigkeit der Sächsisch-Polnischen Union unmissverständlich vor Augen führen. Er scheute keine Kosten und bestand auf dem Kostbarsten und Modernsten, dessen man in Europa habhaft werden konnte. Obwohl eher dem Prunk Louis' XIV. zugetan, war er durchaus bereit, auf die neuesten Moden einzugehen. In den Paraderäumen sollte sich der politische und künstlerisch höchste Anspruch der Augusteischen Epoche am eindeutigsten manifestieren und zwar nicht als Ausdruck barocker Verschwendungssucht, sondern als Beispiel der vollendeten Verbindung von Kunst und Politik, wie sie den genauesten Vorstellungen Augusts des Starken entsprach. Die integrierende Kraft, die der Kurfürst-König einsetzte, um Politik, Kunst, Wirtschaft und Wissenschaft zu vereinen, hat diese singulären Leistungen entstehen lassen.

Es gehörte zu Augusts Geltungsbewusstsein, dass alle Stationen des Brautzuges, alle Räume und alle Festlichkeiten zwischen dem 2. und 30. September 1719 in einem umfangreichen Mappenwerk von Kupferstichen, für die zunächst Vorzeichnungen entstanden, festgehalten wurden. Sie sollten an alle europäischen Höfe verteilt werden.[5] Das vierwöchige Planetenfest mit dem Titel „Constellatio felix" („die glückliche Verbindung") stand unter dem Motto des Wettstreits der Götter.

Apoll galt als personifizierter Schirmherr der Künste und der Wohltätigkeit der kurfürstlichen Regierung, Mars als Allegorie für Helden- und Kampfesmut, Jupiter als Bezwinger des Chaos, Diana als Symbol für die kurfürstliche Jagd, Merkur als Beschützer des Handels und der Wirtschaft, Venus als Symbol der Sinnlichkeit und Saturn als Herr über Reichtum an Bodenschätzen. Sie konkurrierten um die Gunst des Brautpaares. Das letzte Fest, das Saturnfest, endete mit einer großflächigen Projektion aller Göttersymbole über dem Plauenschen Grund, überstrahlt von den Initialen AR (Augustus Rex), über dem wiederum Apoll schwebte. Auch die beiden Deckengemälde Silvestres im Audienzgemach und Paradeschlafzimmer zeigen mythologische Zusammenhänge wie die weise Regierung des Kurfürsten, der als Herkules dargestellt wird, und die Vertreibung der Nacht mit dem Aufbruch der Aurora.

Die Kupferstiche und die entsprechenden Vorzeichnungen von Raymond Leplat und seinen Mitarbeitern waren, wenn sie auch manchmal unterschiedliche Zustände der Möblierung zeigten, so genau, dass sie als Quellen dienen konnten, um z.B. überlieferte Möbel, Spiegel oder andere Einrichtungsgegenstände zu identifizieren. Daneben lagen Zeichnungen und Kupferstiche von den Ausbauarbeiten des Schlosses in den Jahren 1718/19 vor. Der umfangreiche Briefwechsel, den August der Starke von Warschau aus mit Wacker-

Kupferstichsammlung „Constellatio Felix" von der Hochzeit Dresden 1719, Titelblatt.

barth führte, war eine weitere wichtige Quelle für die genaue Rekonstruktion, da aus Augusts Anweisungen und den Vorschlägen von Wackerbarth, die oftmals die Ideen des Königs modifizierten, die endgültige Gestalt der Paraderäume zu erkennen ist.

Da die Räume auch im 19. Jahrhundert wegen anderer Nutzung teilweise umgebaut wurden, standen weitere Bauzeichnungen und Aufmaße zur Verfügung. Seit 1868 nutzte der Dresdner Fotograf Hermann Krone das neue Medium, um die wichtigsten Räume des Schlosses zu fotografieren. Diese Blätter sowie Fotografien des späten 19. und 20. Jahrhunderts (1894, 1902, 1922, 1930, 1933 und 1935) sind gleichfalls wichtige Quellen, da sie Veränderungen seit dem 18. Jahrhundert dokumentieren. Denn man darf sich das Schloss nicht als ein fertiges Gebäude vorstellen, sondern als eine ständige Baustelle. Jeder neue Herrscher hatte andere Raumvorstellungen, es mussten neue Raumdispositionen für die offiziellen und privaten Bedürfnisse der fürstlichen Herrschaften und der Dienerschaft getroffen werden. Das Mobiliar, Möbel, Leuchter, Gobelins usw., wanderte nach den jeweiligen Erfordernissen von Raum zu Raum. Deshalb gab es regelmäßig neue Inventarverzeichnisse, die die Identifizierung vieler Einrichtungsgegenstände über drei Jahrhunderte ermöglichten und ebenfalls aussagefähige Quellen waren.

Zwischen Rekonstruktion und Mahnmal –
Diskussionen über den Wiederaufbau

Rekonstruktionen sind in der Bundesrepublik Glaubensfragen. Darf man einmal Verlorenes überhaupt wieder herstellen? Zeigt man die Narben des Krieges an zerstörten Fassaden oder Bau-Ensembles, die man aber konservieren muss, und baut gegebenenfalls neue Räume oder Konstruktionen darum wie im Neuen Museum in Berlin oder rekonstruiert man sorgfältig nach den Quellen und zeigt trotzdem Schäden, die auf Kriegs- oder Nachkriegsverluste hinweisen.

Im Dresdner Schloss hat man sich dafür entschieden, Kriegsschäden am Beispiel von Exponaten zu zeigen, wie beim Brand des Schlosses ausgeglühte Wappenschilder gegenüber rekonstruierten Exponaten im Grünen Gewölbe, oder wie im Porzellanzimmer, das nach 1945 drei Viertel seines Bestandes eingebüßt hat, indem leere Konsolen auf die Verluste verweisen.

Der Westflügel ist ein praktischer Beweis für die Richtigkeit einer behutsamen Rekonstruktion, die vom Freistaat Sachsen ermöglicht wurde, obwohl sie vielfach von verschiedenen Seiten angezweifelt wurde. Hartwig Fischer (geb. 1962), der von 2012 bis 2016 auf Martin Roth (1955–2017) als Generaldirektor der SKD folgte, plädierte zunächst für eine andere Herangehensweise. Nach seiner Auffassung sollten die Verwundungen des Krieges am Schloss stärker sichtbar gemacht werden, da man in Dresden dazu neige, die Geschichte der Bauwerke immer mehr durch komplette Rekonstruktion zu verleugnen.[6] Besucher wünschten, nach seiner Kenntnis, zu sehen, was diesem Ort an Zerstörungen widerfahren sei. Im Gegensatz zu den bereits abgeschlossenen Rekonstruktionen wie dem Grünen Gewölbe, dem Nachbau des Riesensaals oder des neuen Treppenhauses im Bärengartenflügel sollten nach seiner Vorstellung ganze Raumfluchten wie Nordflügel und Teile des Westflügels im zerstörten Zustand verbleiben. (Hier muss jedoch angemerkt werden, dass im Grünen Gewölbe fünf von acht Räumen nicht rekonstruiert werden mussten, da die Eisentüren des 18. Jahrhundert sie vor dem Feuersturm der Zerstörung bewahrt hatten, und dass ferner ab 1986 Decken in DDR-Beton gegossen wurden, sodass kein originärer Zerstörungszustand in großem Maße mehr vorhanden war.) Die Beschlusslage des Kabinetts von 1997 war indessen verbindlich, zugleich hatte der Bund seine Mitfinanzierung an die Zielstellung einer denkmalgerechten Wiederherstellung gebunden. So entschieden Vertreter des Finanz- und des Wissenschaftsministeriums am 12. September 2014, an der bisherigen Planung festzuhalten. Dabei war diese

Das wiederhergestellte Turmzimmer mit leeren Konsolen, 2020.

Ruinen des West- und Nordflügels nach 1945.

Art der Rekonstruktion nicht unumstritten – seit 1995 kritisiert ein Berichterstatter der Frankfurter Allgemeinen Zeitung (FAZ), Falk Jäger, den Wiederaufbau des Schlosses, zuerst am 5. Februar 1995: *„Die Erfindung der Geschichte"* und dann am 30. Dezember 2018: *„Schluss mit der Erfindung von Geschichte. Sind Abriss oder Rekonstruktion die einzigen Wege, mit maroden Kulturdenkmälern umzugehen? Bei der Restaurierung des Dresdner Residenzschlosses ist die Kurskorrektur gelungen "*:

„Wer in Dresden das stolze Residenzschloss und die Semperoper besucht, dem fällt schwer zu glauben, dass es auch anders hätte kommen können. 1948 gab es Pläne, die ausgebrannten Ruinen von Oper und Schloss abzureißen und einen Aufmarschplatz anzulegen, wie es zur selben Zeit beim Berliner Schloss diskutiert und zwei Jahre später in die Tat umgesetzt wurde. In Dresden gab es Widerstand, und durch ein ebenso hartnäckiges wie geschicktes Agieren von amtlichen Denkmalpflegern, Technischer Universität und interessierten Bürgern gelang es, zunächst die Ruinen einigermaßen zu sichern und später den Wiederaufbau zu organisieren.

Konnte die Semperoper ab 1977 wiederaufgebaut und 1985 eingeweiht werden, waren beim Schloss größere ideologisch-politische Hürden zu überwinden. Im Zuge der Hinwendung der DDR zum bauhistorischen Erbe des Landes kam aber auch die Arbeit am Schloss in Gang. Die Rückgewinnung eines in verschiedenen Epochen gewachsenen Bauorganismus ist kein Selbstläufer. Welches Bauteil, welcher Raum wird in welche Epoche zurückversetzt? Bei diesen Entscheidungen spielen der Zerstörungsgrad, die Verlässlichkeit der Dokumentation durch Pläne, Fotos und Originalbruchstücke und die Qualität der letzten Bauphase eine Rolle. Ende 1983 formulierten die Denkmalpfleger ihre „denkmalpflegerische Zielstellung" für das Residenzschloss. Vielleicht vom Publikumserfolg des Wiederaufbaus der vor der Eröffnung stehenden Semperoper euphorisiert, die vor allem in der Innenausstattung vollständig und kompromisslos rekonstruiert wurde, wagten sich die Denkmalpfleger sehr weit vor. Gegen die Rekonstruktion verlorener Zustände, von der reinen Lehre der Denkmalpflege geächtet, hegten sie nicht die geringsten Zweifel. Doch sie gingen noch wesentlich weiter. Bauteile, Skulpturen und Wandschmuck, die schon seit drei Jahrhunderten nicht mehr existieren, standen auf ihrem Wunschzettel. Vor allem nach der Wende schien es, als könnte niemand die sächsische Denkmalpflege in ihrem Ansinnen, das Schloss wieder in die glorreiche Renaissancezeit zu versetzen, bremsen. Als die Vereinigung der Landesdenkmalpfleger 1994 in Meißen tagte und sich auch die Planungen für das Dresdner Schloss ansah, verbreitete sich in ihren Reihen starkes Unbehagen. Doch die Landeskonservatoren aus dem Westen enthielten sich öffentlicher Kommentare über die Vorhaben der verdienstvollen sächsischen Kollegen.

Ein Beitrag in dieser Zeitung (F.A.Z. vom 4. Februar 1995) machte die Bedenken jedoch publik. Die Fachdiskussion nahm Fahrt auf, auch in Dresden, und führte zu einer grundlegenden Korrektur der Zielstellungen. Die Rekonstruktion des 1701 ausgebrannten Riesensaals samt kompletter Ausmalung unterblieb ebenso wie der Abriss des Ostflügels oberhalb des Torhauses und die Krönung des Osttors mit einem Rundtempelchen von 1595, das schon 1725 wieder verschwand und von dessen Aussehen es keine verlässlichen Bilder oder gar Pläne gibt. Das Innere der Schlosskapelle, 1737 nach der Konversion von Friedrich August I. ausgeräumt und umgebaut, wird heute „Schützkapelle" genannt, weil Heinrich Schütz darin wirkte, und erhielt wieder das Schlingrippengewölbe von 1553, rekonstruiert auf der Grundlage von zwei Kupferstichdarstellungen aus dem siebzehnten und achtzehnten Jahrhundert und einem im Schutt gefundenen Rippenteil. Die reiche skulpturale Bauzier, Schlangenleiber, Engel sowie Deckenmalereien, wollte man denn doch nicht mehr neu erfinden.

Die bereits 1991 begonnene Neufassung des spektakulären Fassadenschmucks im großen Schlosshof allerdings konnte nicht mehr aufgehalten werden und wurde zu Ende geführt. Wie das bereits 1708 entfernte weiß-anthrazitgraue Sgraffiti-Dekor mit reichhaltigen Ornamenten und figürlichen Darstellungen ausgesehen hatte, weiß man nur ungefähr von überhöhten Gemälden und von Fotos eines im Krieg zerstörten Renaissancemodells des Schlosses. Sie sind also nachempfunden. An der Ostwand sind sie vollends Phantasie, denn hier musste die Renaissancegliederung auf eine gänzlich anders befensterte Wand aus dem neunzehnten Jahrhundert zurechtgebogen werden.

Die Geschichtsfälschung will man künftig nicht verhehlen. In der Ausstellung zum Schicksal des Residenzschlosses, die in der gotischen Gewölbehalle im Ostflügel kostenlos zugänglich sein wird, soll den Besuchern unmissverständlich vor Augen geführt werden, was beim Wiederaufbau geschehen ist. Dass zum Beispiel der große Schlosshof heute nicht authentisch ist, sondern ein „Bühnenbild", das die zweite Hälfte des siebzehnten Jahrhunderts illusionieren soll. Inzwischen ist der Außenbau des Residenzschlosses vollendet, und die innere Ausgestaltung der letzten Rohbaubereiche, die Paraderäume, die Gewölbehalle im Ostflügel, im Nordflügel ein Restaurant und die Schlosskapelle als dringend benötigter Veranstaltungssaal sind in Arbeit. Glücklich sind die Museumsleute über das nach anfänglichen Irritationen inzwischen populäre gläserne Kuppeldach, das der Architekt Peter Kulka über dem kleinen Schlosshof aufspannte. Der Hof wurde zum Foyer, und das bis dahin ungelöste Problem der Erschließung und Verknüpfung der verschiedenen Museen im Haus war mit einem Schlag gelöst. Mit dem Wechsel der Protagonisten in Landesregierung, staatlicher Bauverwaltung und amtlicher Denkmalpflege hat sich die Neuausrichtung der denkmalpflegerischen Zielstellung endgültig durchgesetzt. Rekonstruiert wird nur nach Dokumentation und Verzicht auf jegliche Neuerfindung von Geschichte. So werden auch im ‚Langen Gang' zwischen Georgenbau und Marstall, der bis 2020 wieder als Gewehrgalerie Augusts des Starken einge-

richtet wird, die Deckenmalereien rekonstruiert, doch gibt es da-
für eine ausreichende Dokumentation des Vorkriegszustands in
Form von Farbfotografien, die 1942 als Sicherungsmaßnahmen
angefertigt worden waren. Auf die Fotodokumentationen kann man sich auch bei den farbge-
nauen Rekonstruktionen der Paraderäume im zweiten Obergeschoss
des Westflügels stützen. Hier wird bis September 2019 die Abfolge der
kurfürstlich-königlichen Repräsentationsräume Augusts des Starken
wieder erstehen, Eckparadesaal, Erstes und Zweites Vorzimmer, Erste
und Zweite Retirade, Audienzgemach und Paradeschlafzimmer. Die
beiden letzteren waren vor den Kriegszerstörungen noch in der Fassung von 1730 erhalten. In detektivischer Kleinarbeit aus Akten, Fotos, erhaltenen Resten der Wanddekorationen und archäologischen
Befunden konnten Aussehen, Farbigkeit und Materialität einiger der
Räume erforscht werden. Irgendwo in einer Ritze fand sich noch ein
Knopf des Paradebetts. Daraus ergab sich auch die Farbe und Be-
schaffenheit der Wandbespannung. Qualitative Abstriche werden bei
der Rekonstruktion nicht gemacht. Webereien in mehreren Ländern
liefern die Stoffe. In Lyon wird gar auf einem Handwebstuhl aus dem
achtzehnten Jahrhundert gewebt.

Die Räume, bei denen es an gesicherten Befunden mangelt, etwa
die Retiraden, werden als Ausstellungskabinette eingerichtet, in
denen Gegenstände die Zeit Augusts des Starken illustrieren. Dirk
Syndram, Direktor des Grünen Gewölbes sowie der Rüstkammer
und Spiritus Rector des Schlossausbaus und seiner musealen Einrichtung, hat eine Dramaturgie des Museumskomplexes entwickelt,
die die Objekte zum Reden bringt, insbesondere wenn der authenti-
sche historische Ort mitschwingt.

Die Möglichkeiten, die ihm im Residenzschloss zur Verfügung stehen im Zusammenspiel mit den einschlägigen Ausstellungsobjekten
höchster künstlerischer und historischer Bedeutung sind weltweit
einzigartig. Die Museologie entspricht diesem Niveau. Ebenso die
Technik mit dem System der klimatisierten, speziell beleuchteten
und entspiegelten ,weltbesten' Vitrinen. Der Wiederaufbau des
Dresdner Residenzschlosses ist terminlich, finanziell und mittler-
weile auch denkmalpflegerisch sowie kunst- und bauhistorisch
legitimiert in einem guten Fahrwasser. Wenn die Arbeiten 2021
abgeschlossen sein werden, wird man 390 Millionen Euro verbaut
haben – angesichts der 660 Millionen D-Mark, die 1997 avisiert
wurden, kein schlechtes Resultat."

Von der FAZ wurde eine Stellungnahme im Januar 2019 angefordert, die allerdings niemals abgedruckt wurde. Sie sei hier der Vollständigkeit halber mit aufgeführt: *Reiner Zimmermann, zu „Schluss mit der Erfindung von Geschichte" von Falk Jäger am 30. Dezember 2018 in der FAZ und zum gegenwärtigen Stand der Baumaßnahmen im Dresdner Schloss:*

„Angesichts des mitunter sehr fantasievollen Umgangs mit Fakten sollte man sich auch beim Wiederaufbau des Dresdner Residenzschlosses der Tatsachen versichern. Die von dem verdienstvollen Dresdner Denkmalpfleger Hans Nadler angeregte „Denkmalpflegerahmenzielstellung" von 1983 hat keine Geschichte erfunden, sondern orientierte sich an der sächsischen Geschichte, die im Schloss 400 Jahre lang ihr politisches und kulturelles Zentrum hatte. Nadler und seine Mitarbeiter waren auch nicht vom „Publikumserfolg des Wiederaufbaus der ... Semperoper euphorisiert", sondern es ging um die Darstellung von historischen Schichten, die Ausdruck von politischer Macht waren. Bei der Frühgeschichte der mittelalterlichen Burganlage, bei der Gotischen Halle, beim Grundriss der einzelner Stockwerke aus der Renaissance konnten sich die Planer auf Befunde berufen, bei der Rekonstruktion verlorener Bauteile auf bildnerische Darstellungen, Architekturfragmente und vieles mehr. Seit 30 Jahren sammelt Chefrestaurator H. Chr. Walther jedes erreichbare Dokument, sei es ein zeitgenössischer Stich des Renaissance-Schlosses oder die noch von NS-Regime veranlassten Fotographien der Schlossinnenräume vor der Zerstörung im Februar 1945, seien es skulpturale Fragmente, Portale, die aus dem Schutt geborgen wurden, mehr als Jäger je ahnt. Fehleinschätzungen sind niemals ausgeschlossen, aber an der Redlichkeit des Bemühens um historische Korrektheit ist nicht zu zweifeln. Wer sich ehrlich mit den Leistungen der früheren Erbauer befasst, wird mit Respekt erfüllt. Was damals an Qualität geleistet wurde, kann nur derjenige nachvollziehen, der zur Nachschöpfung der Originale verpflichtet ist. Wenn die Sgrafitti im Großen Schlosshof als Erfindung kritisiert werden, so sei darauf verwiesen, dass eine Gruppe internationaler Denkmalpfleger 1996 die sorgfältige Untersuchung aller verfügbaren Quellen attestiert hatte, darunter die bildlichen Darstellungen des Schlosses aus dem 17. Jahrhundert, so dass die Fachleute eine ziemlich genaue Vorstellung entwickelt haben, wie genau die

Vorlagen ausgesehen haben. Es ging der sächsischen Denkmal-
pflege nicht darum, „das Schloss wieder in die glorreiche Re-
naissancezeit zu versetzen", sondern ein Blick ins Schloss genügt
zu sehen, dass vielmehr von der Romanik über die Gotik, die
Renaissance, den Barock bis zu den Spitzenleistungen aus der
Mitte des 19. Jahrhunderts (z.B. der Kleine Ballsaal) und zur
Außenfassade von 1890 alle Baustile präsent sind. Eher scheint
der Augusteische Barock mit Grünem Gewölbe, Englischer
Treppe, Gewehrgang und der Enfilade der Paraderäume von
1719 überrepräsentiert.

Jedenfalls ist die wiederholte Behauptung Jägers, das Dresd-
ner Schloss entstünde als historisierendes Disneyland, schlicht
falsch. Tatsächlich wurden nur einige historisch bedeutsame
Raumensembles rekonstruiert, welche die sächsische Geschichte
anschaulich vermitteln. Allein im Historischen Grüne Gewöl-
be konnten fünf von acht Räumen in der originalen Gestalt
übernommen werden, da sie den Feuersturm des Zweiten
Weltkrieges dank der eisernen Türen, die August einsetzen
ließ, überstanden haben. Doch gibt es hier auch Verweise auf
die Kriegsschäden in Gestalt ausgeglühter, fragmentarischer
kupferner Wappenschilder. Darüber befindet sich das „Neue
Grüne Gewölbe" in „nutzerneutralen" Räumen, wie die rein
funktionalen Museumsräume genannt werden. Zusammen mit
den historisch bedeutsamen Räumen bilden sie das Monument
sächsischer Geschichte und Kultur, wie sie das Sächsische Ka-
binett unter Kurt Biedenkopf am 13. Dezember 1994 für den
Ausbau des Schlosses als Teil der Staatlichen Kunstsammlungen
Dresden beschloss. Schon zum gleichen Zeitpunkt, also 1994,
wurden die Minister Milbradt (Finanzen) und Meyer (Wissen-
schaft und Kunst) beauftragt, die Aufbaukonzeption von einer
internationalen Gutachtergruppe bewerten zu lassen. Die bei-
den Minister waren sich der Tragweite des Projekts durchaus
bewusst, weil die Heterogenität der Überlieferung und deren
neuerliche Ausgestaltung durchaus diskussionswürdig war.

Es bedurfte also keiner Intervention von außen, wie sie Jäger für
seinen Beitrag in der FAZ vom 4. Februar 1995 für sich rekla-
miert. Vielmehr kamen deutsche und internationale Denkmal-
pfleger, Architekten und Museologen unter Leitung des renom-
mierten Kunsthistorikers Hugo Borger am 30. Oktober 1996
zu dem Ergebnis, die Konzeption ihrer sächsischen Kollegen

zu bestätigen. Die Gruppe der Denkmalpfleger formulierte die wichtigste Aufgabe: „Das durch den Wiederaufbau entstehende ... Schloss wird entsprechend dieser Komplexität kein einheitliches geschichtliches und ästhetisches Bild ergeben, sondern vielschichtig, vielseitig, ja widersprüchlich sein. In seiner Heterogenität ... ist das Schloss vergleichbar z. B. der Hofburg in Wien, mit dem Binnenhof in Den Haag, dem Windsor Castle. Die Aufgabe, dies denkmalpflegerisch wiederherzustellen, ist vergleichbar mit dem Wiederaufbau der Münchner Residenz nach dem Zweiten Weltkrieg."

Es ist also abwegig, diese in der Sache selbst begründete Widersprüchlichkeit als Geschichtsfälschung auszugeben und eine Neuausrichtung in Abhängigkeit vom „Wechsel der Protagonisten in Landesregierung, staatlicher Bauverwaltung und amtlicher Denkmalpflege" zu bestimmen, wie Jäger 2018 behauptete. Alle Arbeiten erfolgen weiterhin nach der beschriebenen denkmalpflegerischen Zielsetzung und nach dem Kabinettsbeschluss von 1997. Zufallsfunde werden gern aufgenommen, wie die Entdeckung der Konstruktion des Schlingrippengewölbes durch zwei Computerspezialisten oder der Fund eines „Bettknopfes" (korrekter: Bekrönung vom Baldachin des Paradebettes) in den Maßen 58,6 x 30,0 cm. In welcher „Ritze" des Kunstgewerbemuseums dieser wohl verborgen gewesen sein mag, bleibt Falk Jägers Geheimnis.

Kein Geheimnis ist, dass jetzt alle Gewerke die Fertigstellung dieses einmaligen Projekts vorantreiben. Die Neugestaltung der beiden Deckengemälde nach Louis de Silvestre ist soweit abgeschlossen, so dass der weitere Innenausbau - Parkett, Wandpaneele, Wandbespannung, Spiegel, Möbel, Uhren, Leuchter und Kamine - sich nahtlos anschließen kann. Immerhin soll das, was seit Jahren an verantwortungsvoller und qualitätvoller Arbeit geleistet wurde, am 28. September 2019 vorgestellt werden. Nicht jedes einzelne Objekt wird schon an seinem Platz stehen können, denn die Aufgaben der Restaurierung sind umfassend, und zum Teil sind die Wege der Erschließung noch gar nicht gegangen. Einmalige Kostbarkeiten wie z. B. die Möbel des prominenten Möbeltischlers Louis XIV., eher des Möbelkünstlers Boulle, die einer auf neu getrimmten Überarbeitung, wie sie seit den 1970er Jahren üblich war, entgangen sind, bedürfen nochmals einer sorgfältigen Untersuchung, bevor sie wieder aufgestellt werden können.

*Da ein Teil der mobilen Innenausstattung der Paraderäume die ver-
lustreiche Zeit nach 1945 überstanden haben, ihr Zustand jedoch
nach fünf Jahrzehnten nicht in jedem Fall ausstellungswürdig ist,
sind die Aufgaben der Restauratoren sehr umfassend und bedürfen
noch ausreichend Zeit.*

*So wird die Chance genutzt, das Komplexe der Rekonstruktion auch
an solchen Teilen anschaulich zu machen, die noch nicht vollständig
wieder hergestellt wurden. Dieser Prozess könnte in der Präsentation
komplett restaurierten Objekte gar nicht gezeigt werden. Angesichts
des aktuellen Verlustes der Kathedrale Notre-Dame machte der
französische Staatspräsident Macron darauf aufmerksam, wie brü-
chig unsere Bemühungen um Stabilität sein können. Gerade daraus
erwächst die Verpflichtung einer sorgfältigen Bewahrung dessen,
das uns heute anvertraut ist. Für den Wiederaufbau des Dresdner
Schlosses ist das bereits seit 1986 begriffen worden.* "

Rekonstruktion auf wissenschaftlicher Basis

Die Rekonstruktion des Westflügels und anderer Raumensembles
basiert auf drei wesentlichen Voraussetzungen, zu denen sich die
Bauverwaltung und alle anderen Beteiligten bekannt haben, um der
Rekonstruktion Nachhaltigkeit zu vermitteln:

- die **fotogrammetrische Auswertung** aller materiellen Quellen
  wie baulicher Fragmente, Trümmerteile, Stuckreste, alter Fotografien, die entzerrt und in Datenbanken eingespeist wurden,
  sowie die **Schaffung von 3D-Modellen**, dabei wurde die damals
  übliche Sächsische Elle in heutiges Maß übertragen,
- die **analytische Basis**: alle Fragmente aus dem zerstörten Schloss
  wurden wissenschaftlich und material-technisch analysiert und
  bilden die Basis für die Verwendung von ähnlichen Materialien
  und Techniken, die der damaligen Praxis entsprechen,
- das künstlerische Verständnis der Kunsthandwerker, in **tradier-
  ten Techniken** zu arbeiten und Fragmente aus den Trümmer-
  funden einzubeziehen. Z.B. erfolgte die Polierung des Kunstmarmors in den Konchen – Ofennischen – nicht mit Sandpapier,
  das es um 1718 nicht gab, sondern mit Stein.

Die textile Raumausstattung erfolgte nach dem Prinzip der faden-
genauen Rekonstruktion, die nicht nur die Verwendung von Materialien erforderte, die den Originalen sehr nahe kommen mussten,

sondern es war auch dringend notwendig, handwerkliche Techniken des späten 17. und des 18. Jahrhunderts wieder zu entdecken bzw. alte Webstühle aus dem 18. Jahrhundert wieder in Gang zu setzen. Die fadengenaue Rekonstruktion ist zwar teurer als moderne, computergesteuerte Verfahren, aber die besondere Qualität der Originale forderte die Wiederschließung alter Techniken, die sonst vollkommen verloren gehen würden.[7] Schließlich war es erforderlich zu entscheiden, wo eine relativ gesicherte Quellenlage eine verlässliche Rekonstruktion ermöglichte, wie im Ersten und Zweiten Vorzimmer sowie im Audienzgemach. Dagegen musste beim mehrfach umgebauten Eckparadesaal und beim Paradeschlafzimmer, dessen Inneneinrichtung größtenteils verloren gegangen war, berücksichtigt werden, in welcher Weise eine behutsame Annäherung an die ursprüngliche Raumfassung vorgenommen werden sollte.

Parallel zur Klärung der historischen Rekonstruktion der Räume waren funktionstechnische Anforderungen an eine moderne museale Präsentation zu planen: Dazu gehörten die „unsichtbaren" Einrichtungen der Gebäudetechnik, der Klimatisierung durch ein sogenanntes Mischluftsystem, das die jahreszeitlich bedingten Temperaturschwankungen durch Sonneneinstrahlung reguliert, der Medientrassen, der Sicherheit und Elektrik sowie Standorte der Vitrinen. Als Parameter galten ca. 200 Besucher gleichzeitig, ein Klimakorridor von 20 °C im Winter und 23 °C im Sommer bei einer relativen Luftfeuchtigkeit von 49 bis 55 Prozent unter Einbeziehung der baulichen Gegebenheiten, der Museumsräume über und unter den Paraderäumen, der Technikzentrale im Dachgeschoss und einer zurückhaltenden thermischen Auslegung des Fußbodens. Vitrinen in den Räumen um die Paradestrecke sollten keinesfalls vor den Fenstern stehen und mit dem Raumklima übereinstimmen, um Feuchtigkeitsentwicklungen zu verringern.

Weiterhin war zu überprüfen, welche Luxstärken für die Beleuchtung durch Kronleuchter, Wandleuchten und in den Vitrinen notwendig wären, um bei wechselndem Tages- und Kunstlicht Stoffe und andere Exponate zu schonen. Dabei war zu berücksichtigen, dass die Lage der Räume im Verhältnis zur Hauptachse des Schlosses sehr unterschiedlich ist und daher verschiedene Lichtverhältnisse zu beachten waren. Aus Richtung Großer Schlosshof fällt das Sonnenlicht nach 14.00 Uhr bis in die Abendstunden in die Retiraden und das Paradeschlafzimmer ein, im Audienzgemach jedoch nur bis gegen

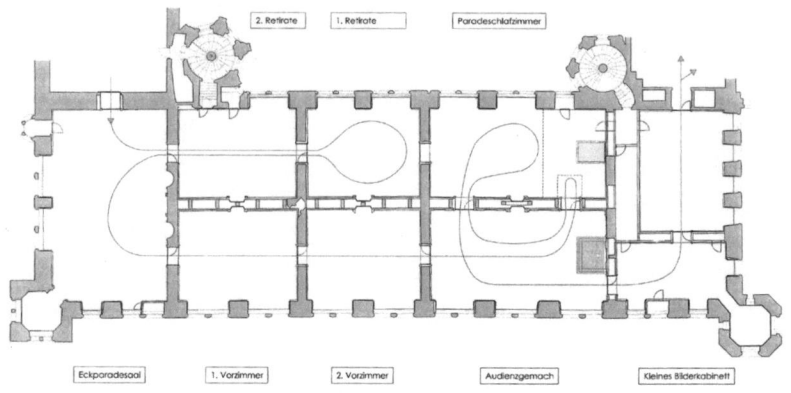

| 2. Retirate | 1. Retirate | Paradeschlafzimmer |
| Eckparadesaal | 1. Vorzimmer | 2. Vorzimmer | Audienzgemach | Kleines Bilderkabinett |

Skizze zur Besucherführung durch die Paradezimmer.

11.00 Uhr. Deshalb wird das Tageslicht von den kostbaren Exponaten in den Retiraden gänzlich ferngehalten. Für die großen Fenster Richtung Theaterplatz wurden verschiedene Rollos aus Leinen getestet, die die Luxstärke auf 200 bis 100 Lux reduzierten. Schon 1769 waren dichte gebleichte Leinenrollos aus dem gleichen Grund angebracht worden, die bis 1852 nachweisbar sind. Aufgrund der Kostbarkeit der Stoffe können Fenstervorhänge und Portieren nicht als Lichtschutz zugezogen werden. Die Anbringung früher üblicher äußerer Klappfensterläden wurde wegen der komplizierten Handhabung verworfen.

Die Kronleuchter und Wandleuchten sollten den Eindruck von Kerzenlicht erzeugen. Deshalb wurden Leuchtmittel gewählt, die Helligkeitswerte zwischen 2 und 7 Lux erreichen.

Diese und andere Wirkungen konnten anhand einer Probeachse überprüft werden, die bereits 2009 in einer Ecke des Paradeschlafzimmers aufgebaut worden war. Sie enthielt einen Teil des Deckengemäldes, die Marmorgewände der Türen, die Eichenpaneele der Wände, die Eichenholzverkleidung der Fenster, Vergoldungen und Bemalungen von Gesimsen, Türen und Paneelen, Stoffbahnen im „sächsischen Grün" (für das Paradeschlafzimmer), Arbeitsmuster von Lambrequins (Querbehang aus Edelmetallgewebe) und Quasten, einen Kronleuchter, einen Kaminspiegel, eine Kaminnachbildung aus Stuck, das vergoldete Modell eines Wandleuchters und eine Supraporte (Gemälde über einer Tür).

Diese Probeachse war sehr anschaulich und ermutigte alle am Bau Beteiligten und die Gestaltungskommission immer wieder, wenn allzu theoretische Erörterungen fruchtlos blieben. Zugleich vermittelte sie einen einmaligen Eindruck von dem, was schließlich als Gesamtheit zu erwarten sein kann. Auch die Besucherführung wurde skizziert, denn ein Rundgang ist ausgeschlossen. Da die Tür zwischen Paradeschlafzimmer und Erster Retirade geschlossen bleibt, kann der Besucher zunächst die Retiraden aufsuchen, geht wieder zurück zum Eckparadesaal, um sich von dort den Paraderäumen bis zum Paradeschlafzimmer zuzuwenden. Den Abschluss bilden die beiden Bilderkabinette einschließlich des südlichen Eckturms des Westflügels.

Historischer Rückblick

August der Starke und die Kaiserkrone

Als der Herzog von Sachsen, Friedrich August, als Dreiundzwanzigjähriger 1694 nach dem überraschenden Tod seines Bruders Johann Georg IV. Kurfürst von Sachsen wurde, hatte er zwar eine standesgemäße Erziehung genossen, war jedoch auf dieses Amt nicht wirklich vorbereitet. Er hatte sich inzwischen als tollkühner Reiter und Liebhaber bewährt, sein Deutsch indessen war mangelhaft: Er schrieb so, wie er es in Dresden hörte, an seine künftige Braut Christiane Eberhardine von Brandenburg-Bayreuth (1671–1727):

„Durchleichtigst princessin,
Nachdem ich Ew. Ld. Eine geraume zeit mit schreiben nicht aufgewahrtet, so kohme ich anitzo mit disn gegenwerdigen zeillen meinen gehorsamsten Respect an ihnen, wehrdeste princessin, abzulegen, kahn auch nicht unberichtet lasen wie ich heitte das mir glickliche ja wohrt von dero herren vatter erlanget...".[8]

Man nimmt die unverfälschte Dresdner Zunge wahr und muss sich bewusst machen, dass Dialekte nicht nur die ganze Zeit gesprochen, sondern auch geschrieben wurden. Erst Ende des 19. Jahrhunderts setzte sich dank Konrad Dudens eine einigermaßen einheitliche Rechtschreibung durch. Vermutlich hat auch der spätere Gegner des Kurprinzen, Friedrich II. von Preußen (1712–1786), falls er überhaupt Deutsch redete, mächtig berlinert.

Dank seiner raschen Auffassungsgabe und tüchtiger Berater fand der junge Kurfürst Friedrich August sich bald in den politischen Geschäften zurecht. Schon 1695/1696 nahm er mit sächsischen Truppen als Teil des Reichsheeres mit unbedeutendem militärischem Erfolg am Großen Türkenkrieg in Ungarn teil. Dort traf er jedoch auf zwei Personen, die für seine folgenden Entscheidungen wichtig waren: den österreichischen Kaiser Leopold I. (1640–1705) und den Türkenbezwinger Prinz Eugen von Savoyen (1663–1736).

Da im Juni 1697 der Warschauer Thron verwaist war, machte sich Friedrich August Gedanken, wie er die polnische Krone erlangen könne, denn ein Königstitel war notwendig, um im politischen Spiel in Europa neben Habsburg, Frankreich und England mithalten zu können. Die polnische Adelsrepublik ließ es zu, dass sich verschiedene Kandidaten aus europäischen Ländern zur Wahl stellen konnten. Wichtig war allerdings, was sie bereit waren, an finanziellen Zuwendungen den polnischen Adligen anzubieten. Friedrich Augusts Vertrauter, Jacob Heinrich Graf von Flemming (1667–1728), bereitete in Warschau auf raffinierte Weise die Wahl vor: Nach dem Grundsatz DIVIDE ET IMPERA ließ er diskret mehrere Kandidaten gleichzeitig unterstützen, sodass sie sich gegenseitig behinderten. Mit vielem Geld gelang es, die polnischen Magnaten vom sächsischen Kurfürsten zu überzeugen, und am 15. September 1697 konnte dieser in Krakau gekrönt werden konnte. Er residierte zunächst auf Schloss Wilanów bei Warschau, bevor er das Warschauer Stadtschloss erweitern ließ.

Nach dem Tod Josephs I. (1678–1711), der seinem Vater Leopold I. als Kaiser gefolgt war und keinen legitimierten männlichen Nachkommen hinterließ, übernahm Friedrich August von 1711 bis zur nächsten Kaiserwahl das Reichsvikariat, fungierte also als Verwalter des Deutschen Reiches. Er trug sich schon seit 1704 mit der Idee, dass auch die Wettiner Kaiser werden könnten. Dazu bedurfte es einiger Voraussetzungen, für die die Zeit noch nicht ganz reif war.

Als König von Polen musste August II. nämlich eines seiner Wahlversprechen einlösen: dem riesigen Polen, das bis Litauen und in die Ukraine reichte, noch das kleine nördliche Livland von den Schweden zurückzuerobern. Von 1700 bis 1721 dauerte der Nordische Krieg, verschlang Unsummen, belastete den sächsischen Staat und seine Einwohner und führte zu nichts. Gegner war der schwedische König Karl XII. (1682–1718), der zwar einer Koalition von Österreich, Sachsen und Russland gegenüberstand, aber militärisch so ge-

Jacob Heinrich Graf von Flemming (1667–1728), Ölgemälde um 1720.

schickt taktierte, dass er 1702 in Warschau einmarschieren konnte. Der sächsische Kurfürst und König von Polen musste mit seinem teuren Hofstaat schleunigst nach Dresden ausweichen. Karl setzte Stanisław Leszczyński (1677–1766) als Gegenkönig ein. Dieser zog 1704 mit 1.000 Mann und 400 Pferden, zusätzlich mit 2.000 Schweden, die seine Sicherheit garantierten, nach Leisnig und residierte zwei lange Jahre auf Schloss Mildenstein, ganze 70 km von Dresden entfernt, wo der sächsische Kurfürst die Füße still halten musste. In Markranstädt bei Leipzig diktierte der Pole einen schmachvollen Frieden, demzufolge August auf die polnische Krone verzichten musste. Karl XII. rückte mit seiner Armee von 23.000 Mann in Sachsen ein und ließ es sich und seiner Armee wohlergehen. Als er bei Radeberg stand, so berichtete Voltaire in seiner Biografie über Karl:

„[...] war ihm eine Lust angekommen, da er so nahe bey Dreßden war, bey dem König August noch seinen Besuch abzustatten. Er war zu Pferde in die Stadt geritten, in Begleitung drey oder vier Generalspersonen, und gerade an dem königlichen Pallaste abgestiegen. Er kam auch fast bis an das königliche Gemach, ehe es ruchbar ward, daß er in der Stadt war. Der General Flemming, der ihn zwar von weitem gesehen, hatte kaum so viel Zeit, es seinem Herrn anzusagen. Alles, was man bey einer solchen Gelegenheit thun konnte, war diesem Minister schon beygefallen, und er beredete sich darüber mit seinem Könige. Allein Karl trat in Stiefeln und Spornen in das Zimmer, ehe sich August von seiner Verwunderung erholet hatte. Dieser war damals gleich unpaß, und im Schlafrocke, und ließ sich in Eil ankleiden. Hierauf nahm Carl ein Frühstück mit ihm ein, wie ein Reisender, der von seinem Freunde Abschied nimmt: und nachdem wollte er die Festung sehen... Nachdem nun dieser Besuch etliche Stunden gewähret, umarmte er den König August und reiste davon.“

Karl XII. äußerte sich danach zu seinen Generalen:

„Ich verließ mich auf mein gutes Glück. Indessen merkte ich in dem Augenblick, daß nicht alles gar zu rein war. Flemming hatte keine Lust darzu, daß ich so geschwind aus Dreßden weg gieng.“[9]

August der Starke soll bei dieser Gelegenheit auf Wunsch des Schweden auch eine Probe seiner Stärke abgegeben und den schwedischen König zu dessen Verwunderung und leichtem Entsetzen mit einer Ei-

August der Starke im Krönungsornat von 1697, Wachsmaske nach einer Abformung von 1704.

Maria Josepha von Habsburg, Pastell von Rosalba Carriera, 1720.

senstange kurzzeitig umschlungen haben. Der sächsische Kurfürst war indes ein Ehrenmann und begleitete den schwedischen Gegner allein und in aller Stille so lange, bis dieser außer Reichweite seiner eigenen Truppen war, die Karl XII. gern festgesetzt sehen wollten. Dank guter Beziehungen zum russischen Zaren Peter I. (1672–1725)konnte August der Starke 1709 auf den polnischen Thron zurückkehren. Das russische Heer besiegte Ende Juni/Anfang Juli 1709 an der Poltawa die Schweden und brach deren Vormachtstellung in Europa. Jetzt stabilisierten sich in Sachsen die politischen und ökonomischen Verhältnisse, indem der Kurfürst die Generalkonsumtionsakzise, eine Art Mehrwertsteuer, für sich beanspruchte, die ihn finanziell wieder beweglicher machte. Zudem zahlte sich der sächsische Fleiß wiederholt aus: Obwohl das Land nach dem Dreißigjährigen und dem Nordischen Krieg schwer gebeutelt war, entwickelten sich Handel und Gewerbe rasch, genau wie später ab 1763 nach dem Siebenjährigen Krieg und genau wie ab 1815 nach den Napoleonischen Kriegen.

Es gelang August dem Starken allerdings nicht, seine Stellung in Polen so zu festigen, dass er eine Erbmonarchie einrichten konnte. Zwar wurde auch sein Sohn zum Polnischen König gewählt, aber nach dessen Tod endete die Sächsische-Polnische Union, und die Krone fiel wieder an polnische Adlige, von denen der letzte, Stanisław II. August Poniatowski (1732–1798), 1791 die damals fortschrittlichste europäische Verfassung ausrief. Zur Strafe wurde Polen in der Folgezeit dreimal von Preußen, Österreich und Rußland geteilt.

Bereits 1704 schien August dem Starken die Ehe seines Sohnes mit einer Habsburger Prinzessin vorteilhaft. Die großen Habsburger saßen auch in Schlesien, das der polnische König auf seinen ständigen Reisen nach Warschau durchqueren musste – sich mit Wien gut zu stellen, war also politisches Kalkül.

Mindestens eine Erzherzogin sollte es sein, die sich der sächsische Kurfürst und polnische König für seinen Sohn, den Kurprinzen Friedrich August II. (1696–1763), wünschte. 1704 fiel die Wahl auf die zweite Tochter von Kaiser Joseph I. von Habsburg, Erzherzogin Maria Josepha (1699–1757). Erstmals würden die Häuser Wettin und Habsburg dynastisch verbunden sein, und endlich rückte auch der Traum Augusts von einer Königswahl in greifbare Nähe. Die Habsburger Hofjuristen hatten jedoch vorgesorgt: Nach der Habsburger Erbfolgeregelung war auch eine weibliche Thronfolge möglich. Die Habsburger wollten auf keinen Fall auf den Thron verzichten. Der neue Kaiser Karl VI.

erkannte die Gefahr in den wie üblich schwammigen Formulierungen der Juristen, da nicht deutlich formuliert worden war, ob Josephs oder Karls weiblichen Nachkommen gemeint seien. Dann hätte Maria Josepha als Tochter Josephs die Chance als Regentin mit Friedrich August an ihrer Seite gehabt. Aber die „Pragmatische Sanktion" von 1713 ließ sich so deuten, dass nur eine Tochter des amtierenden Kaisers gemeint sei: Maria Theresia als Tochter Karls VI. wurde 1740 nach dessen Tod Erbin des Habsburger Reiches. Nach der kurzen Regentschaft des Bayern Karl VII. (1742 bis 1745) als Deutscher Kaiser wurde sie an der Seite ihres Mannes Franz I. die faktische Herrscherin Habsburgs in den jahrzehntelangen Kriegen mit Friedrich II. von Preußen. Man stelle sich vor, wie die Entscheidung, einer Frau die Erbfolge zu übertragen, auf alle europäischen Fürsten gewirkt haben muss, die unaufhörlich bemüht waren, männliche Erben zu zeugen. August musste die „Pragmatische Sanktion" zur Kenntnis nehmen. Doch bei der hohen Sterblichkeitsrate auch der Allerhöchsten Herrschaften wusste man nie, was die Zukunft brachte. Das Werben Flemmings um die Erzherzogin war indessen erfolgreich: Der Hof in Wien stimmte Anfang 1718 der Vermählung zu.

Der Kurprinz war von seiner Großmutter und seine Mutter streng protestantisch erzogen worden. Um ihn diesem Einfluss zu entziehen und ihn für die Konversion zum katholischen Glauben vorzubereiten, wurde Friedrich August II. 1711 schon sechzehnjährig auf die übliche Kavalierstour durch Europa geschickt, die ihn, wie schon seinen Vater, u. a. auch nach Versailles zu Louis XIV. (1638–1715) führte. 1712 konvertierte er in Bologna zum Katholizismus, eine wichtige Voraussetzung für die Verbindung zum Wiener Hof. Sein Vater hatte diesen Schritt schon 1697 in aller Stille vollzogen, um den Dresdner Hof und ganz Sachsen, seit Kurfürst Moritz das führende protestantische Land im Reich, nicht unnötig zu verärgern. Dass es auch in Dresden 1717 wieder Kritik gab, focht August den Starken nicht an.

Am wohlsten fühlte sich der Kurprinz in Venedig, wo er fünf sorglose Jahre verbrachte und die Kunst der Serenissima in vollen Zügen aufsog. Er hatte einen offenen Blick für die venezianische Malerei, deren Spitzenwerke von Tizian, Giorgione, Tiepolo oder Tintoretto er später als Kurfürst sammelte, und er lernte die führenden Musiker wie Antonio Vivaldi (1678–1741) und Antonio Lotti (1667–1740) kennen.

Die Umbauten von 1718/19

Der Kurprinz drängte seinen Vater, auch in Dresden eine italienische Oper zu installieren. Obwohl August der Starke der französischen Musik seines Vorbildes Louis XIV. zugetan war, erteilte er am 23. August 1718 von Warschau aus die schriftliche Ordre an den Grafen Wackerbarth, ein neues Opernhaus am Zwinger zu bauen. Denn inzwischen wusste er, dass seine künftige Schwiegertochter eine ausgezeichnete Musikkennerin war, die es wohl zu schätzen wüsste, wenn es italienische Oper in Dresden gäbe. Da ihm die Fertigstellung eines Neubaus bis zur geplanten Hochzeit aber dann doch zu kurz erschien, widerrief er vier Wochen später den Aufbaubefehl (es gab keine E-Mail, kein Telefon, nur reitende Boten) – doch da standen bereits die Fundamente, denn sein Baumeister Daniel Pöppelmann (1662–1737) kannte die spontanen Einfälle seines Dienstherrn, nach denen alle Bauwerke innerhalb kürzester Zeit fertig zu sein hatten. 1718 stand in Dresden außerdem statt eines stattlichen Schlosses nur eine halbe Ruine, denn am 25. März 1701 waren, von einer Dachkammer im Georgenbau aus, große Teile des Ost- und Nordflügels bis hin zur Englischen Treppe, die erst 1694 anlässlich der Verleihung des englischen Hosenbandordens an Johann Georg IV. gebaut worden war, ausgebrannt.

Nun war aufgrund der geplanten Hochzeit Eile geboten. Von Warschau aus korrespondierte der König ständig mit August Christoph Graf von Wackerbarth, dem Generalintendanten der Militär- und Zivilbauten und damit seinem Mann für alles in Dresden. Der Zwinger und das sich an die stadtwärtige Bogengalerie anschließende Opernhaus wurden errichtet, das Taschenbergpalais als Wohnung für das künftige Brautpaar, Holländisches (später: Japanisches) Palais ertüchtigt und der Nord- und Ostflügel des Schlosses sowie die Englische Treppe seit dem Februar 1717 wieder aufgebaut. Pöppelmann und der Innenarchitekt Raymond Leplat (1664–1742) wurden unter der Oberaufsicht von Graf Wackerbarth mit den Bauarbeiten beauftragt.

Der **Riesensaal** im Ostflügel, der damals größte Saal in Sachsen, erhielt eine Spiegeldecke, sieben Kronleuchter, Wandleuchter und Wandspiegel. Es war bei Redouten, Maskenbällen und anderen Festlichkeiten immerhin ein Raum von 56,7 Meter Länge auszuleuchten. Der folgende erste Raum im Nordflügel, das sogenannte **Riesengemach**, maß fast 30 Meter Länge, war ebenfalls mit acht Kristallkronleuchtern, Armleuchtern und Spiegeln sowie mit zehn, 1708 in

Plan des zweiten Obergeschosses mit den Einzeichnungen der Protokollstrecke, 1719.

Brabant erworbenen Gobelins ausgestattet, die militärische Szenen zeigten. Dieser Saal, im 19. Jahrhundert der **Große Ballsaal**, diente im 18. Jahrhundert bereits als Tanz- und Speisesaal, auch als Spielzimmer des Hofes.

Das anschließende **Turmzimmer** gewann man, indem man 1718/19 das mächtige Turmmauerwerk unter dem Hausmannsturm durchbrach und somit einen intimeren Raum erschloss. Hier war das „Buffet" eingerichtet, ein rot lackiert vertäfelter und verspiegelter Raum, in welchem ein Teil des Staatsschatzes, der Silberbestand, die weißsilbernen und silbervergoldeten Prunkgefäße auf vergoldeten Konsolen und einem Schautisch repräsentative Aufstellung fand. 1728 wurden hier Porzellane ausgestellt, daher heißt der Raum bis heute **Porzellanzimmer**. Während des großen Empfangs der Braut am 2. September 1719, als vom Riesensaal bis zum Audienzgemach viele Gäste die Räume bevölkerten, wies August der Starke sein Personal an, dass sich niemand im Turmzimmer aufzuhalten habe – es musste rasch durchschritten werden, damit die leicht zugänglichen Kostbarkeiten auf den Konsolen verblieben.

Im Zuge des Wiederaufbaus wurden 1718 die Fenster sowie die Decke des nun folgenden **Steinernen Saals** erhöht, so dass auch zum Ende des Nordflügels ein weiterer repräsentativer Raum entstand. Er diente ab 1722 als Propositionssaal, da hier die Landstände tagten, auf die August immer wieder, hauptsächlich wegen der Steuern, angewiesen war. In ihm wurden die landesherrlichen Propositionen, also seine Verhandlungsgegenstände, verkündet. Der Raum war mit sechs prächtigen Brabanter Gobelins der Alexander-Schlacht geschmückt.

Der **Eckparadesaal**, der Nord- und Westflügel verbindet, markiert den Beginn der zwei Raumachsen des Westflügels: links zum Großen Schlosshof hin die Retiraden, die Rückzugsräume für die Dienerschaft der Braut, rechts die Empfangsräume, Erstes und Zweites Vorzimmer, Audienzgemach und, im rechten Winkel dazu, Paradeschlafzimmer, die höchstrangigen Zeremonialräume des Schlosses. Damit war eine repräsentative Paradestrecke von über 300 Metern Länge entstanden, die vom Großen Schlosshof über die Englische Treppe, Ost- und Nordflügel in den Westflügel führte.

Dank der klugen Raumdisposition Pöppelmanns und Leplats und des schier unglaublichen Fleißes der Bauarbeiter waren also nicht nur die prunkvollen Zeremonialräume des Westflügels, sondern zwei weitere Flügel des Schlosses vorzeigbar und nutzbar.

Festlichkeiten anlässlich der Hochzeit 1719

August dem Starken oblag auch die Planung aller Feste und Gäste. Die komplizierten Reiterballette zum Mars- und Jupiterfest, die Kampfspiele, das Damenballett zum Venusfest: alle Auftritte und Dekorationen wollten vorbereitet sein, sodass jeder erlauchte Gast seinen Platz finden konnte. Der Kurfürst überwachte schließlich alle Proben des Jupiter- oder Venusballetts, die an den Tagen zwischen den Festen stattfanden, die den Planeten gewidmet waren. In den letzten Wochen vor dem Fest nahmen ihn die Vorbereitungen derart in Beschlag, dass er darüber seine Maitresse Henriette von Osterhausen vernachlässigte, die sich darüber bitterlich beklagte. Zum Ärger Wackerbarths befahl der Kurfürst sogar eine Reise des viel beschäftigten Pöppelmann nach Wien in die Himmelpfortgasse zur Betriebsspionage. Denn Prinz Eugens Winterpalais, das heutige Österreichische Finanzministerium, enthielt dank der türkischen Kriegskasse, die merkwürdigerweise nicht in der Wiener Hofburg, sondern im Keller des Prinzen Eugen gelandet war, das Beste und Modernste an Inneneinrichtung, was es je gab – und das wollte August der Starke übertreffen. Er verfolgte dabei noch

Das Winterpalais in Wien diente als Inspiration, Ölgemälde von Curt Moll, 1907.

eine andere Absicht: Nicht allein die Pracht der Materialien sollte beeindrucken, sondern die Pracht sollte sich von Raum zu Raum steigern; im musikalischen Sinne sollte es ein großes Crescendo vom Eckparadesaal bis zum Audienzgemach und Paradeschlafzimmer geben. Deshalb befanden sich in diesen beiden Räumen die prächtigsten, schwersten Stoffe, Dekorationen und kostbarsten Möbel, die sich zu dieser Zeit beschaffen ließen.

Der Kurfürst stimmte mit Wackerbarth ab, was vorhanden war, und was neu angeschafft werden musste, denn die Einrichtung der Paraderäume, so wie sie sich damals präsentierten, war nicht im Ganzen und ausschließlich in den Monaten 1718/19 hergestellt worden. Spiegel, Stoffe, Möbel, Leuchter etc. wurden aus anderen Schlossräumen oder anderen Palais wie dem Holländischen Palais eingesammelt und den Erfordernissen der Paradestrecke angepasst.

Ankunft des Brautpaares in Blasewitz, Kupferstich von 1719.

Der Weg der Braut durch die Räume des Schlosses

Die kirchliche Trauung in Wien nahm nur zwei Tage in Anspruch. Man war froh, dass bei dem großen Aufkommen an kaiserlichen Töchtern wieder eine „unter die Haube" gekommen war.

Die Reise des Brautpaares führte am 31. August 1719 zunächst nach Pirna, wo eine Prunkgondel bereitstand. Am Sonnabend, dem 2. September 1719 vormittags, empfing August der Starke in Blasewitz am Ufer der Elbe das Paar, es folgte eine dreistündige Kutschfahrt nach Dresden, begleitet von einem langen Reiterzug aller geladenen Gäste. Im umfangreichen Mappenwerk der Kupferstiche macht dieser allein 20 Blätter aus.

Mittags traf die Braut im Schlosshof ein, wurde über die Englische Treppe durch alle Säle des zweiten Obergeschosses geführt, vorbei an der Garde, die im Riesensaal Aufstellung genommen hatte, und durch das Riesengemach. Hier standen auswärtige Adlige und solche ohne höheren Rang. Weiter ging es vorbei am Turmzimmer in den Steinernen Saal, in dem sich die Landstände versammelt hatten, durch den Eckparadesaal, in dem auf einer Seite die Kammerherren und andere höhere Hofbeamte Spalier standen, und auf der anderen Seite Oberste und weitere Offiziere. Hier begrüßte der Kurfürst-König die Braut. Im Ersten Vorzimmer standen auf der linken Seite die Generäle, auf der Fensterseite die Titular- und Geheimen Räte, Ober-Chargen, Präsidenten und Kammerherren nach ihrem Rang, welche sich in mehreren Reihen hintereinander aufstellten.

Im Zweiten Vorzimmer standen links auf der Kaminseite der Päpstliche Nuntius sowie die Prinzen, ihnen gegenüber die Bischöfe, Senatoren, die

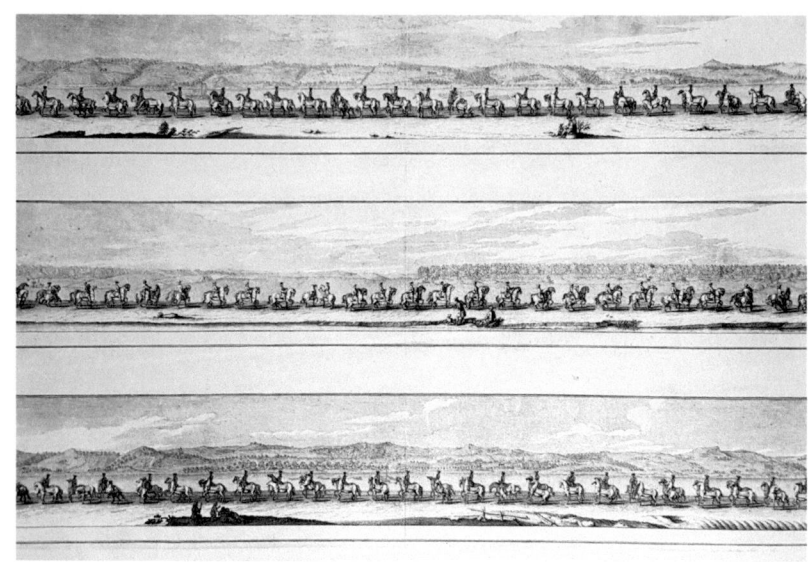

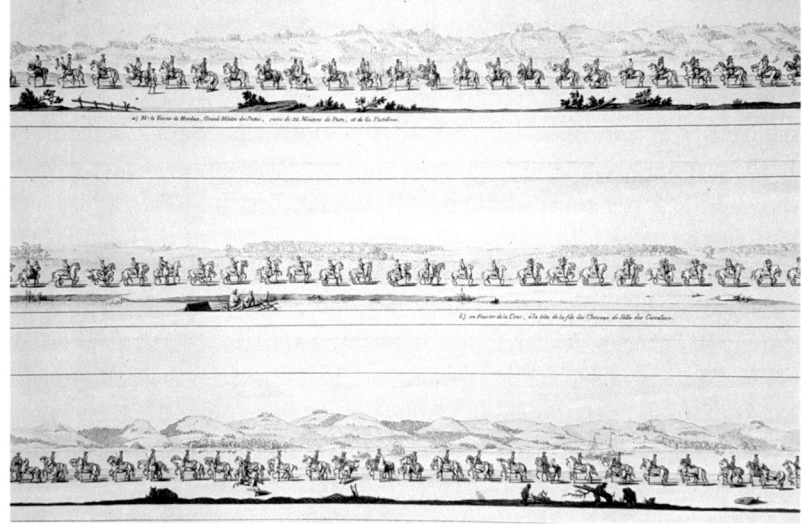

Einzug Maria Josephas in Dresden, Kupferstiche von 1719.

Steinerner Saal mit den Landständen beim Empfang Maria Josephas im Schloss, 1719.

polnischen und sächsischen Minister und Kronräte. Im Audienzgemach schließlich hatten sich die hochrangigsten Adligen, die Frauen der Abgeordneten ebenso wie die Frauen der sächsischen und polnischen Kabinettsminister und andere Damen des Staates aufgestellt, auf der anderen Seite standen die Hofdamen der Königin und weitere Hofdamen, auf der Kaminseite wies die Ober-Hofmeisterin der Königin an der Tür zum Schlaf-Zimmer den Herrschaften den Durchgang in das Paradeschlafzimmer. Hier saßen sich nur das kurfürstliche Paar und das Brautpaar gegenüber. Die Hofgesellschaft musste sich an den beiden Türen drängeln, um einen Blick zu erhaschen. August der Starke gönnte charmanterweise der Braut sieben „Ruhetage", die mit „mäßigem" Programm angefüllt waren. Es begann mit dem Te Deum in der Katholischen Hofkirche und einem Schau-Essen im Eckparadesaal am Sonntag, dem 3. September, gefolgt von der Opernaufführung „Giove in Argo" von Antonio Lotti am 4. September, anschließend die französische Komödie „Ariadne" am 5. September, Kampfjagen am Jägerhaus in Altendresden und Italienische Komödie am 6. September, Probe für das Carussell für den 15. September und die Opernaufführung „Ascanio" von Antonio Lotti am 7. September, Maintenator-Ringrennen im Stallhof und Italienische Komödie im Riesensaal am 8. September und schließlich Fortsetzung des Maintenator-Ringrennens im Stallhof und die französische Komödie „L`Inconnue" im Komödienhaus am 9. September – bevor am Sonntag, dem 10. September der Stress des vierwöchigen Planetenfestes begann.

Die Paraderäume im Dresdner Schloss

Retiraden und Bilderkabinette

Die prunkvolle Paradestrecke begann im Eckparadesaal oder auch Ecktafelzimmer, das in der Mitte des 19. Jahrhunderts für kurze Zeit „Neuer Thronsaal" für König Johann (1801–1873) benannt wurde. Dieser Raum an der Nord-Westecke des Schlosses bildete den Zugang zu den beiden Raumfluchten des Westflügels: links, mit Blick auf den Großen Schlosshof, befinden sich die beiden Retiraden, dahinter das Paradeschlafzimmer – rechts, mit Blick auf den Zwinger, der Durchgang durch das Erste und Zweite Vorzimmer zum Audienzgemach.

In den beiden Retiraden hingen 1719 Gobelins der „Vier Elemente" aus dem Bestand. Beide Räume gehörten nicht zum Hofzeremoniell, sondern dienten während der Hochzeitsfeierlichkeiten als Rückzugsräume für die Braut (Erste Retirade als Ruhe- und Toilette-Zimmer) und deren Bedienstete (Zweite Retirade). Sie sind daher auch in keinen zeitgenössischen Stichen überliefert, doch waren sie ebenfalls mit Tafelparkett und umlaufenden Holzpaneelen ausgestattet. Durch den Einbau von Holzdecken entstanden 1890/92 das „Wettinzimmer" und ein Vorzimmer. Ein Gemälde der Maria Josepha mit Originalrahmen sowie drei Supraporten haben die Zeitläufte und Zerstörungen überlebt.[10]

In beiden Retiraden werden jetzt vor einer zurückhaltenden Wandbespannung in Bleumourant (blaßblau) zivile und militärische Staatskleider von August dem Starken gezeigt, auf deren Aufbewahrung der König großen Wert gelegt hatte. Im ersten Raum, der Zweiten Retirade, sind vier zivile Staatskleider zu sehen: das Goldene Staatskleid, das er 1697 zum Krönungsbankett als polnischer König trug, ein blau-silbernes Galakleid mit dem polnischen Weißen Adlerorden sowie eine braun-silberne Hausrobe aus seinen letzten Lebensjahren. Die Kleider folgen im Schnitt und im Material der französischen Mode, die allen europäischen Fürsten als Vorbild diente, wie z. B. das „Rheingrafenkleid", das auf Louis XIV. zurückgeht. Deshalb sind auch zwei Gemälde von Adam Frans van der Meulen gehängt, von denen die „Ausfahrt König Ludwigs XIV. nach Vincennes im Jahre 1660" den französischen Herrscher im Rheingrafenkleid zeigt. Dazu werden Galanterie- und Prunkdegen gezeigt. Das Portrait der Maria Josepha hängt wieder am angestammten Platz.

Zweite Retirade: Goldenes Staatskleid Augusts II. zum Krönungsbankett 1697 in Krakau, 2020.

Die Erste Retirade präsentiert Geschenke von Zar Peter I. (1672–1725) (bezeichnenderweise ist darunter ein Kompass) und Louis XIV. (ein Prunksattel), ein Staatsportrait von August dem Starken mit dem preußischen König Friedrich Wilhelm I. von Louis de Silvestre (um 1730), das offenbar bis heute als Modell für den Händedruck von Staatsoberhäuptern dient, sowie drei militärische Staatskleider Augusts des Starken mit einer Kuriosität: Einem goldgewirkter ledernen Kriegsrock fehlt ein Rockschoß. 1702 war er den Schweden in die Hände gefallen, aber sie kamen nur dazu, diesen einen Rockschoß abzusäbeln, bevor ihnen die sächsischen Truppen die Beute wieder abjagten.

Hinter dem Audienz- und dem Schlafgemach schlossen sich nach Süden zwei Bilderkabinette an. Diese und die den damaligen gesamten Südflügel (heute: Zwischenflügel Nord) umfassende „Grande Galerie" waren museal genutzte Bereiche, welche ebenfalls nicht zum Hofzeremoniell gehörten. Sowohl Bilderkabinette als auch die Galerie wurden bereits 1725 aufgegeben und in Appartements umgebaut.

In diesen Kabinetten veranschaulichen Exponate die Krönung von Friedrich August I. und Friedrich August II. zu polnischen Königen. August der Starke hatte sicherheitshalber eine Ersatzkrone und einen eigenen, römisch inspirierten Krönungsornat nach Krakau mitgebracht, da seine Inthronisation durch die Konkurrenz des französischen Prinzen François Louis de Bourbon-Conti (1664–1709) beeinträchtigt war. Nach der Krönung wurde der Ornat nach Dresden zurückgebracht.

Der sächsische Kurfürst und polnische König ließ von seinem Gesicht eine Maske abgießen, die mit einer lebensgroßen Figurine und dem Ornat schon zu Lebzeiten im Johanneum als Denkmal aufgestellt wurde. Man hat deshalb bis heute einen anschaulichen Eindruck von Augusts energischer Physiognomie. Der Krönungstalar in den Maßen 3,15 Meter Länge und 2,55 Meter Breite ist zwar erhalten, aber nicht mehr für eine Dauerpräsentation tauglich. Deshalb hat die Weberei Maison des Canuts in Zusammenarbeit mit dem Musée des Tissus et des Arts décoratifs in Lyon für das Nachweben des blauen Seidenbrokats einen Webstuhl nach der Struktur des Originals eingerichtet. Das Futter aus Seide und Silber hat die Seidenmanufaktur Eschke in Crimmitschau neu gewebt. Die Kürschner Kerstin Rendler und Thomas Margenberg aus Riesa verwendeten 177 russische weiße Hermelinfelle von Tieren, die nicht unter Schutz stehen, für 84 Hermelinschwänze am Rand und am Kragen des Mantels.

Krönungsmantel und Figurine Augusts des Starken, 2020.

49

Bildnis des Malers Louis de Silvestre von Maurice Quentin de La Tour, Pastell auf Papier, 1753.

Der Eckparadesaal mit dem Bildnis Augusts des Starken, Foto vor 1945.

Der Eckparadesaal

Im Eckparadesaal hing an zentraler Stelle zwischen den beiden Zimmerfluchten ein großes repräsentatives Porträt des polnischen Königs August II. (August des Starken), gemalt vom Hofmaler Louis de Silvestre (1675–1760) und flankiert von zwei Standuhren.

1716 hatte August der Starke auf Anraten des Generalinspecteurs der königlichen Sächsischen Sammlungen, Raymond Leplat (1664–1742), den Maler, der seit 1712 stellvertretender Rektor der Académie Royale in Paris war, nach Dresden eingeladen. Er malte das heute wohl berühmteste Porträt Augusts des Starken. Neben vielen weiteren Porträts und kleineren Gemälden schuf er u. a. auch die Deckengemälde im Brühlschen Palais, im Japanischen Palais, im Mathematisch-Naturwissenschaftlichen Salon des Zwingers und im Schloss (alle wurden 1945 zerstört). 1727 wurde Louis de Silvestre Direktor der Malerakademie in Dresden. 1748 kehrte er nach Paris zurück, wo man ihn 1752 zum Rektor der Académie Royale ernannte.

Nach den Kupferstichen und den Vorzeichnungen sowie einem Inventarverzeichnis der „Hof Tapezerey" von 1720 ist die Einrichtung des Eckparadesaals von 1719 dokumentiert. Danach war der Raum

51

Schauessen im Eckparadesaal am 3. September 1719, hinten sind Musiker erkennbar, Stich.

mit Tafelparkett ausgelegt, das sich in einem 83 cm hohen Wandpaneel aus Eiche fortsetzte. Auch Türen und Fensterlaibungen waren aus Eiche. Der Eckparadesaal war der erste Raum, der mit karmesinrotem Seidensamt, besetzt mit Goldtressen, den außerordentlichen Charakter der Paradestrecke zum Ausdruck brachte.
Über den Türen waren drei Gemälde, die Supraporten, angebracht. Sie zeigten Blumen- und Früchtestilleben. An der Westwand Richtung Theaterplatz überwölbte ein mit rotem Samt ausgeschlagener Baldachin die prachtvolle Tafel für das Schauessen am 3. September 1719. Dieser hing sonst im Propositionssaal, unter dem der Kurfürst Platz nahm, wenn er die Sitzungen der Landstände einberief. Die dahinter liegenden Fenster der Westwand wurden verblendet. Der Zugang zum kleinen Eckturmzimmer blieb offen, dort saßen die Musiker, welche anlässlich des Zeremonialessens zur Tafelmusik aufspielten. Auf Leplats Stich sind beim Durchblick in das Turmzimmer ein Flötist, ein Oboist und zwei Violinisten erkennbar. Auch an eine Toilette hatte Pöppelmann gedacht: Sie befand sich an der Nordwand in der östlichen Fensternische, immerhin diente der Raum als Speisesaal.
Für jeden Raum ließ Wackerbarth Übersichten anfertigen, was eingebaut werden sollte, was vorhanden und was noch anzuschaf-

Die Seidenmanufaktur von Andreas Dietrich Apel

Andreas Dietrich Apel (1662–1718) wurde in Quedlingburg ge-
boren und unternahm zahlreiche Studienreisen durch Europa. In
Leipzig heiratete er die Tochter eines Seidenhändlers und übernahm
dessen Geschäfte. Er gründete eine eigene Posamentenmanufaktur
und gehörte zu den wenigen sächsischen Firmen, die sich in ihrer
Qualität mit den Webereien aus Florenz, Lyon oder Madrid, welche
Pöppelmann bevorzugte, messen konnte.
Wenn Johann Sebastian Bach von seiner Dienstwohnung in der alten
Thomasschule neben der Thomaskirche seinen Blick westwärts über
den heutigen Dittrich-Ring schweifen ließ, dann sah er die große Ba-
rockgarten-Anlage und die Manufaktur. Apel war sehr vermögend
geworden, so dass er sich bei Balthasar Permoser, dem teuren Hof-
bildhauer Augusts des Starken, vier Großplastiken bestellen konnte,
von denen heute noch Jupiter und Juno im Leipziger Museum zu
sehen sind. Zur Messe residierten beide sächsischen Kurfürsten im
Apelschen Haus neben dem Leipziger Rathaus. Andere Leipziger
Kaufleute erfüllte es mit Neid, dass August seine Hochachtung vor
den Leistungen der Manufaktur bezeugte, indem er Apel die textile
Ausstattung der beiden höchstrangigen Räume, des Audienz- und
Paradeschlafzimmers, anvertraute.

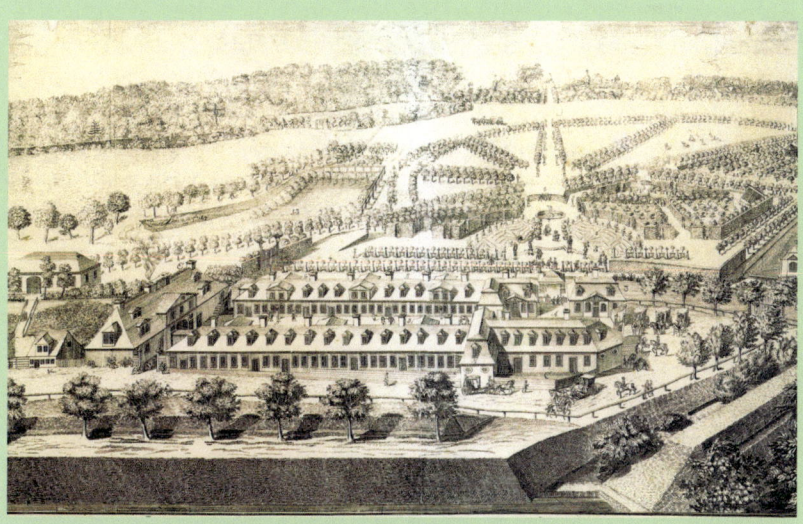

Der Apelsche Barockgarten in Leipzig, Kupferstich um 1720.

fen war. Die karmesinroten Samtbahnen waren in Apels Manufaktur hergestellt worden. Sie hingen vorher in einem Empfangszimmer, in der „Gallerie", wo der König zu essen pflegte. Karmesinrote Fenstervorhänge und Portieren waren ebenfalls vorhanden. Für das Festessen 1719 waren 18 vergoldete Tafelstühle, ebenfalls mit rotem Seidensamt und Goldtressen bezogen, angeschafft worden, ein Tisch sowie goldene Kronleuchter aus dem Grünen Gewölbe, ebenso kupferne Gueridons (Stand-Leuchter), während acht weitere goldene Gueridons aus dem Holländischen (später Japanischen) Palais herbeigeschafft werden sollten. Vier Kronleuchter mit je zwölf Armen erleuchteten den Raum.

Im Mappenwerk von Leplat ist an der Decke des Eckparadesaals auch ein Gemälde auszumachen, das aber wohl aus Zeitgründen nicht mehr zur Ausführung kam. Der Kupferstich beruht vermutlich auf einem Entwurf von Silvestre und stellte den Götterhimmel dar. 1767 wurden in zwei Konchen (Nischen) Fayence-Öfen eingebaut. Gleichzeitig brachte man an der Decke Stuckrosetten sowie Stuckgesims an. All dies gab dem Raum immer noch die Prägung des Augusteischen Zeitalters. Daher entschied man sich, den Eckparadesaal im Zustand von 1767 zu rekonstruieren.

1854 wurde der Eckparadesaal kurzfristig als Neuer Thronsaal genutzt. Durch weitere Umbauten von 1890/92 verlor er seine ursprüngliche Funktion. Nach der Zerstörung am 13. Februar 1945 blieben lediglich eine verglühte Ofenklappe und Reste des roten Kunstmarmors im oberen Drittel der Konchen, sieben Wandleuchter und das Gemälde Silvestres ohne Rahmen übrig. Auch dieser war 1945 verbrannt, denn das Königs-Porträt musste bei der Schlossräumung 1943 aus dem Rahmen gelöst werden. Der Barockrahmen wurde 2019 in aufwändiger Schnitzerei nach den Fotografien des 19. und 20. Jahrhunderts und vergleichbaren Vorbildern polimentvergoldet (Blattgold auf Kreidefundament) wieder hergestellt.

Die drei Supraporten unbekannter Künstler („Liebespaar mit Amor", vermutlich venezianisch, „Venus mit Amoretten" und „Venus, Amoretten, Fackeln"), die 1767 nachweislich aufgehängt wurden, zieren die Felder über den Türen. Fünf Kronleuchter und acht Muschel-Wandleuchter sorgen für das Licht. Die Stuckrosetten an der Decke wurden wieder vergoldet, wobei nur die erhabenen Rippen bemalt wurden und die Zwischenräume weiß blieben. Trotzdem entsteht der Eindruck einer durchgehenden Vergoldung.

Die Keramischen Werkstätten Angermayer aus Eberschwang in Österreich haben 2019 nach Angaben von Hans-Christoph Walther die

Der Eckparadesaal nach der Rekonstruktion, 2020.

Fayence-Öfen nach den Fotografien von Hermann Krone aus dem 19. Jahrhundert gefertigt, die eisernen Feuerungskästen stellte die Firma Kunstguss in Lauchhammer her, die Vergoldungen erfolgten durch Waltraud Luegger in Wien, und die Sandsteinfüße schuf Steinmetz Helmut Moser in Seekirchen. André Glauche aus der Werkstatt für Stuck und Stuckrestaurierung in Niederfrohna hat die Reste der kriegsbeschädigten Marmorierung in den Konchen konsolidiert und gewachst, sodass Brandspuren sichtbar blieben, sowie die fehlenden Felder neu marmoriert. So entstand ein gleichmäßiger Eindruck von Alt und Neu.
Im nordwestlichen Eckturm des Eckparadesaals hatten Stuckfragmente an der Decke den Feuersturm des 13. Februar 1945 überstanden. Sie sind die einzigen erhaltenen Teile einer Decke aus dem zweiten Obergeschoss im Westflügel, welche sich noch am Einbauort befinden und eines der wenigen erhaltenen Zeugnisse des für die Baugeschichte des Residenzschlosses bedeutenden Bildhauers Bernhard Curt Roch (1847–1922). Er ließ sich 1890, als die Hofbaumeister Gustav Dunger und Gustav Frölich u. a. die Außenfassade des Schlosses im heute erkennbaren Neorenaissancestil gestalteten, bei der Einrichtung des neugebauten Turmes vom Beispiel des Eckparadesaals in der Gestaltung der Paneele und Decke aus dem 18. Jahrhundert anregen.

Die Musik zum Hochzeitsfest 1719 –
Dresden klingt italienisch

Die Tafelmusik zum Schauessen im Eckparadesaal kann nicht sehr laut gewesen sein, da nur wenige Musiker im Turmzimmer Platz nehmen und ihre Violin-Bögen ausstreichen konnten. Aber gewiss haben sie italienische Tafelmusik gespielt, denn dieser Musik galt die ganze Liebe des Brautpaars.

Am 27. September 1717 kehrte der Violinist Johann Georg Pisendel (1687–1755) von einem zweijährigen Aufenthalt aus Italien zurück, wo er italienische Musiker für die Dresdner Hofkapelle angeworben hatte. Gemeinsam mit ihm begaben sich der für drei Jahre verpflichtete Kapellmeister und Komponist Antonio Lotti (1667–1749), seine Frau, die Sängerin Santa Stella Lotti (1668–1759), der Librettist Antonio Maria Lucchini (1690–1730), Musiker der venezianischen Kapelle, weitere Sänger und Sängerinnen wie der Kastrat Francesco Bernardi, genannt Senesino (1686–1758), Matteo Berscelli, Lucrezio Borsari (?–1733), Margherita Catterina Zani, Lucia Gaggi (1698?–1746) und Francesco Maria Veracini (1690–1786) mit auf die Reise nach Dresden. Veracini galt als bedeutender Violinvirtuose der Zeit und sollte vor allem die kurprinzliche Kammermusik beleben. Durch die Neuverpflichtung dieser italienischen Spitzenkräfte und die Einweihung des Großen Opernhauses begann für die Dresdner Hofkapelle eine der weiteren wichtigen Phasen ihrer künstlerischen Entwicklung. In den folgenden musikalischen Auseinandersetzungen wurde der in Dresden vorherrschende französische Stil durch einen „vermischten Geschmack" abgelöst, der die neuesten Tendenzen der venezianischen Musik aufnahm. Fortan schrieben Antonio Vivaldi und viele andere Komponisten Werke „per l'orchestre di Dresda".

Johann Sebastian Bach, der gerade Ärger mit seinem Weimarer Herzog hatte, sollte in Dresden einen Cembalowettbewerb gegen den Franzosen Marchand bestehen, welcher aber wegen fluchtartiger Abwesenheit des Konkurrenten ausfiel. Dafür trieb sich Bach bei den ihm bekannten Hofmusikern herum, schaute sich bei seinem Freund Pisendel die neuesten Vivaldi-Partituren an und war begeistert von den vielen Anregungen durch die italienische Musik. Kein Wunder, dass manches Thema von Lotti bei Bach nachklang.

Bereits am 1. August 1716 war Johann David Heinichen, 1683 in Krössuln bei Weißenfels geboren, neben dem amtierenden Oberkapellmeister Johann Christoph Schmidt (1664–1728) zum Hofkapell-

Der Komponist Antonio Lotti (1667–1749).

meister noch in Venedig berufen worden. Seine Kammerkantaten hatten den in Italien weilenden Kurprinzen so begeistert, dass er bei seinem Vater ein Engagement durchsetzte. Zu dessem 20. Geburtstag am 17. Oktober 1716 komponierte Heinichen eine Serenata, welche die Musiker in Gondeln auf dem Canale grande aufführten.

Antonio Lotti war 1704 zum ersten Organist am Dom San Marco in Venedig berufen worden und hatte 1705 mit der Sammlung „Duetti, terzetti e madrigali" (Kaiser Joseph I. von Habsburg gewidmet) europäische Berühmtheit erlangt. Als ein vom Wiener Hof geschätzter Komponist wurde er deshalb auf Bitten des Kurprinzen für drei Jahre nach Dresden verpflichtet. Lotti hatte den Auftrag, mit einem italienischen Ensemble italienische Opern in Dresden aufzuführen.

Antonio Lotti schrieb in Dresden drei Opern: Das Melodramma pastorale „Giove in Argo" erklang am 25. Oktober 1717 im Redoutensaal zum ersten Mal, es folgte am 10. März 1718 „Ascanio". Beide Werke wurden während des Planetenfestes mehrfach wiederholt, wobei auffällig ist, dass während der Feierlichkeiten ausschließlich Opern von Lotti aufgeführt wurden. Zur Vermählung schuf er die Festoper „Teofane" auf einen Text von Stefano Benedetto Pallavicino (1672–1742), die am 13. September 1719 im neuen Opernhaus am Zwinger mit Ballett vom Konzertmeister Jean Baptiste Woulmyer (1670– 1728) aufgeführt wurde. An der mehrstündigen Festaufführung mit Speisepausen waren viele Adlige selbst als Sänger und Tänzer beteiligt. Der Librettist Pallavicino legte seinem Libretto die 972 erfolgte Vermählung der oströmischen Kaiserstochter Theophanu mit dem aus einem sächsischen Herzogsgeschlecht stammenden späteren Kaiser Otto II. zu Grunde. Sie sollte die Verbindung zwischen Ostrom und dem deutschen Reich festigen. Otto siegt zunächst über Piraten, die Teofane entführen wollen, sodann über adlige Konkurrenz, die Teofane den Thron streitig machen will. Die Prinzessin verliebt sich in ein Bildnis von Otto: die beste Vorausset-

Aufführung der Oper „Teofane" am 13. September 1719, Kupferstich von 1719.

zung für eine Liebesheirat. Die Aufführung wurde beziehungsreich nach dem Mars-Fest am 12. September 1719 plaziert. In einem extra für die Festaufführung geschaffenen Epilog pries der Kriegsgott das Paar, aus dessen Verbindung weitere Helden entstehen sollen. Mars rief ein Turnier aus, in dem alte sächsische Helden auftraten. Ferner wurde daran erinnert, wie wichtig das militärische Eingreifen Kurfürst Johann Georg III. (1647–1691) 1683 an der Seite des polnischen Königs Johann III. Sobieski (1629–1696) bei der Befreiung Wiens von den Türken war – alles passend zum Lobe Habsburgs und zu Polen und Dresden. Aus dem Tiber wurde die Elbe, wo Elbnymphen, sächsische adlige Damen, der Teofane huldigten. „La Germania" als allegorische Figur erhoffte sogar noch nach dem traditionellen Schlusschor alles Glück für das Paar und das Land Sachsen. So wurde aus einem „normalen" italienischen Dramma per musica durch französische Einlagen und Divertissements sowie gezielte politische Aussagen ein zentrales Werk des sächsischen Hofzeremoniells.

Dem Kurprinzen hat diese Oper sehr gut gefallen. Noch 1750, als er als August III. Polen regierte, ließ er für die Sinfonia zu „Teofane" neu-

Das von Pöppelmann erbaute Große Opernhaus am Zwinger aus der Richtung des heutigen Postplatzes gesehen, Stich um 1770.

es Orchestermaterial ausschreiben und in Warschau wieder aufführen. Im Zuge der allgemeinen physischen und finanziellen Erschöpfung nach dem Hochzeitsfest entließ August der Starke zum 1. Februar 1720 das teure italienische Ensemble, wobei Georg Friedrich Händel (1685–1759), der den Opernaufführungen in Dresden gelauscht hatte, mehrere Italiener nach London an das King`s-Theatre für die Aufführungen seiner Opern verpflichtete. Nach dem Tod Augusts des Starken 1733 berief sein Sohn den Komponisten Johann Adolph Hasse (1669–1783) zum neuen Hofkapellmeister, womit eine weitere glanzvolle Zeit der italienischen Oper in Dresden begann.

Pöppelmanns Großes Opernhaus, dem die Rundbogengalerie des Zwingers zur Sophienstraße als Foyer diente, erlebte bis zum Ende des Augusteischen Zeitalters eine glanzvolle Zeit. Nach dem Siebenjährigen Krieg musste allerdings gründlich gespart werden und das Haus wurde geschlossen; die prächtige Ära barocker Opernaufführungen war zu Ende. Nur gelegentlich wurde das Gebäude für Hofbälle genutzt. Anfang Mai 1849 zündeten es Dresdner Revolutionäre an, um mit einer Feuerwand die große Sempersche Barrikade in der Wilsdruffer Gasse vor den angreifenden preußischen Truppen zu schützen. Richard Wagner, der sich aktiv an den Maiaufständen beteiligte, war zu dem Zeitpunkt in der Zentrale der Aufständigen zugegen, als der Befehl zum Abbrennen des alten Opernhauses gegeben wurde. Ausgeführt wurde der Befehl von einem Handwerksgesellen namens Roßberg.

Blick vom Ersten Vorzimmer durch das Zweite Vorzimmer zum Audienzgemach, 2020.

Das Erste Vorzimmer

Das Erste Vorzimmer diente vor dem Herbst 1719 als Wohnzimmer der Kurfürstin Christiane Eberhardine (1671–1727). Nunmehr wurde es mit einer aufwändigen textilen Wandbekleidungen von zwölf Tapisseriestücken in Säulenform ausgestattet, mit Blumenmustern aus Silber und Gold auf bunter Seide gewirkt, die bereits 1715 bis 1717 für das Holländische (Japanische) Palais hergestellt worden waren. Sie waren von Jean-Baptiste Gayot Dubuisson (um 1660–um 1735), einem seit 1717 in Dresden tätigen französischen Maler, entworfen worden. Er ließ sich von den ersten, Ende des 17. Jahrhundert von Charles Lebrun (1619–1690), dem Lehrer Silvestres, entworfenen Mustern anregen, die damals weit verbreitet waren. Diese Colonnes torses (Torsosäulen) standen auf gestickten Postamenten, zwischen denen gestickte Balustraden über dem Holzpaneel umliefen. Zwischen den Kapitellen der Säulen mit einem verschlungenen königlichen Monogramm AR (Augustus Rex) hingen Festons (Bordüren mit Blütengehängen), die einen aus Dreiecksformen bestehendes Muster überlagerten. Unter dem Stuckgesims verliefen schmale und breite Schmuckbahnen. Alles war auf karminrotem Seidensamt drapiert. Die Verbindungsnähte waren mit Goldtressen überdeckt.

Neue Colonne torse im Ersten Vorzimmer (Ausschnitt), 2020.

Sechs Gemälde von Louis de Silvestre schmückten zusätzlich den Raum: „Perseus und Andromeda", „Latona verwandelt Bauern in Frösche", „Venus besieht die Waffen bei Vulcano", „Bachus kommt zur Ariadne", „Galathea auf einem Muschelschiffe" und „Pluto entführt die Proserpina" (Raub der Proserpina).

In den beiden erhaltenen ältesten Inventaren, dem Dresdener Gemäldeinventar von 1722/28 und einem zweiten Inventar vor 1741 sind zahlreiche „Frucht- und Blumenstücke" aufgeführt, die überwiegend Jean Baptiste Gayot Dubuisson zugeschrieben werden. Zwei davon wurden 1719 als Supraporten im Ersten Vorzimmer verwendet. 1767 wurden sie gegen zwei ande-

Eingearbeitetes Original-Marmorstück in der neuen Spiegelkonsole im Ersten Vorzimmer, 2020.

re Gemälde ausgetauscht: „Antike Ruinenlandschaft mit Thamar und Juda" und „Landschaft mit Schäferszene".

Die beiden Spiegel mit goldenen Hinterglasradierungen auf blauem Grund waren schon 1702 bzw. 1704 angekauft worden, für 2600 Reichstaler, denn Spiegelglas war teuer wegen der vielen missglückten Versuche bei der Herstellung. Das frühe Ankaufsdatum weist darauf hin, dass August der Starke das Beste und Neuste an Inneneinrichtung dann kaufen ließ, wenn es auf den Markt kam. Ein Spiegel hing über dem Kamin mit schwarzen Gewänden und einer schwarzen Abdeckplatte aus Maxener Marmor.

Auf Leplats Stich sind neben dem nicht ausgeführten Deckengemälde zwei Uhren (Pendulen) auf Piedestalen zu erkennen. Außerdem sind im Inventar von 1768 vier vergoldete Gueridons genannt, die in den Ecken für besseres Licht sorgten. Und für alle Fälle wurden einige Tabourets, kleine Hocker, aufgestellt. Sie waren auf karmesinrotem Grund mit je einer silbernen Rose bestickt und von Goldtressen eingefasst.

1811 wurde das Erste Vorzimmer für die Landtagseröffnung genutzt. 1829 entstanden aus dem Ersten und Zweiten Vorzimmer die beiden „Caffe Zimmer" mit je einer Tapetentür als Durchgang zu den beiden „Conditorey Zimmern" (Retiraden). Diese ersetzte man 1913 durch Schiebetüren. 1943 wurden die Bilder ausgelagert. Wie es auch von Büchern heißt, hatten die Bilder ihre Schicksale. 1945, als Bergungsgut aus dem Schloss Dresden in Meißen eingelagert wurde, waren die Gemälde nicht verzeichnet. Doch 1947 wurden angeblich zum Teil

Blick vom Eckparadesaal in das Erste Vorzimmer, 2020.

Prunkspiegel im Ersten Vorzimmer, Foto vor 1930 (links) und heutiger Zustand (rechts).

beschädigte Gemälde in Meißen verkauft, obwohl die Stadt zu keiner Zeit Besitzer von Bergungsgut aus den Staatlichen Kunstsammlungen und dem Schloss war. Eine Mitarbeiterin der Stadt Meißen, die sich seit 1946 in der sogenannten Ermittlungsabteilung mit „faschistischer Betätigung" von Bürgern der Stadt befasste, übernahm offenbar unrechtmäßig einige Gemälde. Sie siedelte später in die USA über, wo sie drei Silvestre-Gemälde verkaufte (davon zwei an das Museum der Schönen Künste in St. Petersburg, Florida, und ein weiteres an einen Privatsammler). Das Gemälde „Raub der Proserpina" wurde 1989 bei Sotheby zur Auktion angeboten und gelangte als Teil der Stiftung Ciechanowiecki in das Warschauer Königsschloss.

1986, als die ersten Baumaßnahmen im Schloss begannen, wurden Kaminfragmente geborgen, darunter ein Bruchstück von der rechten Seite der oberen Kaminabdeckung. Wer genau hinschaut, kann dieses etwa zehn Zentimeter große Stück heute wieder sehen. Es wurde in die neue Verkröpfung eingepasst.

1991 wurden bei Sothebys zwei Spiegelaufsätze versteigert. Obwohl damals die genaue Zuordnung noch nicht möglich war, erwarben die Kunstsammlungen beide Stücke, die sich als die Spiegelaufsätze aus dem Ersten Vorzimmer erwiesen. Zugleich waren Bruchstücke der Spiegelumrandungen mit goldener Hinterglasradierung auf schwarzem Grund überliefert. Bei der Materialanalyse stellte sich heraus, dass sich das wirkungsvolle originale Blau durch Alterungsprozesse schwarz gefärbt hatte. Neueste Forschungen von Christiane Ernek-van der Goes vom Kunstgewerbemuseum haben ergeben, dass die Rahmenleisten mit Bandwerk und Figurengruppen nach Vorlagen des französischen Malers Jean Bérain (1637–1711) gestaltet wurden.[11] So war es möglich, die fehlenden Teile zu rekonstruieren. Die Darstellung der Daphne, die in einen Lorbeerbaum verwandelt wird und sich im oberen Feld des Aufsatzes befindet, geht auf einen Brunnenentwurf von Charles Lebrun (1619–1690) zurück. Sie fanden Eingang in eine französische Sammlung „Le Recueil de Fontaines et De Frises Maritimes", veröffentlicht um 1680, sodass der Ursprung der Darstellung auf dem Spiegelaufsatz nachgewiesen werden kann.

Um die fehlenden Spiegelteile zu ergänzen, wurden Radierproben (eine Form der Hinterglasmalerei, bei der in den eingefärbten Hintergrund eine Zeichnung eingeritzt wird) angefertigt, die entscheiden sollten, ob eine Rekonstruktion die Qualität der Originale erreichen könnte. Das Ergebnis war überraschend positiv. Nun präsentieren sich die Spiegel aus Resten der alten Umrahmung und neu radierten Teilen, so dass ein Bild entsteht, das die Spuren der Zerstörung ebenso enthält wie die qualitätvollen Ergänzungen des Jahres 2019.

Die wissenschaftliche Grundlage für die Rekonstruktion aller textilen Elemente bereitete Dr. Sabine Schneider (Dr. Schneider und Küster Büro für Denkmalpflege in Leipzig) vor, indem sie alle textilen Fragmente sammelte, kartierte und somit die fadengenaue Rekonstruktion ermöglichte. Sie traf auch die Auswahl der Firmen, die mit der Neuproduktion betraut werden konnten. Für das Nachweben der Säulen als Tapisserie kamen nur vier Manufakturen überhaupt infrage: in Mechelen/Belgien, Paris, Halle-Giebichenstein und Madrid. Doch nur die Real Fábrica de Tapices Madrid, die spanische Königliche Teppichmanufaktur, legte 2008 Proben von außerordentlicher Qualität vor, so dass sie den Zuschlag zur Fertigung der insgesamt 32 Tapisseriestücke, davon zwölf 3,30 Meter hohe und 60 Zentimeter breite gewirkte Säulen sowie Balustraden und Festons für das Erste Vorzimmers bekam. Die Manufaktur fertigt noch Webarbeiten wie vor 300 Jahren, als sie gegründet wurde und nach Entwürfen von Francisco de Goya (1746–1828) 60 Bildteppiche für den Prado und den Escorial herstellte.

Als Vorlagen für die Säulen dienten die Vorzeichnungen und der Kupferstich von 1719, Inventarbeschreibungen und eines der beiden einzig erhaltenen Originale der Colonnes aus dem Krakauer Czartoryski-Museum, die aus späterer Zeit stammten, als August III.

(1696–1763) nochmals solche Säulen anfertigen ließ. Der spanischen Bildwirkerin Pilar Felguera und ihren drei Kolleginnen, die an einem der fünf Webstühle arbeiten, lag ein Karton nach dem Original vor. Der Hautelisse-Webstuhl, ein Hochwebstuhl, lässt nur eine querliegende Säule von täglich ein bis zwei Zentimetern entstehen. Die Weberinnen müssen über einen Spiegel ihre Arbeit kontrollieren, da das Muster von der Geweberückseite aufgetragen wird. Hier ist außerordentliche Geduld gefragt, um die höchsten Ansprüche an eine fadengenaue Rekonstruktion zu erfüllen. Zum Zeitpunkt der Eröffnung der Paraderäume waren noch nicht alle Säulen mit Festons und Balustraden gefertigt. Sie wurden vorläufig durch gedruckte Tapeten ersetzt. Den Samt für die Felder zwischen den Säulen hat die Firma Le Manach/Pierre Frey SAS, Paris hergestellt.

Zwei von vier Gueridons mit den damals üblichen afrikanischen Gesichtszügen von „Mohren" haben hier wieder ihren Platz gefunden. Im 19. Jahrhundert waren sie zweimal mit Polierbronze überzogen worden, um einen Bronzeguss zu imitieren. Nach der Abnahme dieser Schichten kam die hochwertige Polimentvergoldung des 18. Jahrhunderts wieder zum Vorschein, die in einem komplizierten Restaurierungsprozess durch das Zusammenwirken von erfahrenen Restauratoren, Physikern und Chemikern zu einem überzeugenden Ergebnis führte.

Das Zweite Vorzimmer

Die Wandbespannung im Zweiten Vorzimmer erhielt durch ca. 2000 Meter aufgenähte schmale und breite Goldtressen als Gitterwerk mit Applikationen von Rosetten und Blattornamenten gegenüber dem Ersten Vorzimmer ein prächtigeres Erscheinungsbild. Der karmesinrote Samt fand sich sowohl in den Fenstervorhängen und Portieren als auch auf den zwölf Tabourets (Hockern) wieder. Unterhalb des Stuckgesimses befand sich umlaufend, nur von Türachsen und Kaminachse unterbrochen, ein Lambrequin (Querbehang), der ebenfalls aus rotem Seidensamt gefertigt worden war. Über dem Kamin hing ein Spiegel mit geschliffenen Gläsern, ihm gegenüber ein großer Spiegel mit bronzenem Rahmen und Goldradierungen auf rotem Grund. Zwei Gemälde von Louis de Silvestre, bereits 1715 entstanden, zeigten an der nördlichen Wandhälfte der Ostwand die „Allegorie auf den Abschied des Kurprinzen Friedrich August, des späteren Königs August III. von Polen, von seinem Vater, König Au-

Das Zweite Vorzimmer, 2020.

gust II." und an der südlichen Wandfläche „Der Empfang des sächsischen Kurprinzen Friedrich August, des späteren Königs August III. von Polen, bei König Ludwig XIV. von Frankreich in Fontainebleau, am 27. September 1714". Sie sind erhalten geblieben und konnten wieder ihren früheren Platz einnehmen.

Die beiden Supraporten waren vermutlich von Jean-Baptiste Gayot Dubuisson ein „Blumenstillleben mit bekränzter Büste" und ein „Frucht- und Blumenstück". Da die Bilder zum Teil ausgetauscht wurden, veränderte man die Formate und Rahmen, teilweise bis zu viermal. Deshalb erstellte die Galerie Alte Meister eine Übersicht über alle Supraporten und plante die verschiedene Arbeiten der Restaurierung wie Festigung gelockerter Malschichten, Oberflächenreinigung, Firnisreduzierung, Entfernung von Übermalungen, Überarbeitung der Rahmen, Fixierung gelöster Leinwandstücke, kurzum - alle nötigen Schritte, um die Qualität der alten Meister wieder sichtbar zu machen. Während auf der Vorzeichnung eindeutig eine sparsame Möblierung von dreischübigen Kommoden mit Uhren erkennbar ist, fehlen auf dem Kupferstich sämtliche Möbel. Die aufgeführten Inventare zwischen 1769 bis 1852 belegen zwei achteckige Tische mit Marmorblättern und vergoldeten Kreuzgestellen. Das Mobiliar wechselte häufig: 1782 wurden die Tabourets durch 18 mit rotem Plüsch bezogene Tafelstühle ersetzt, die 1792 ins Tafelzimmer verlegt wurden. Die Veränderung der Möblierung verdeutlicht den in der zweiten Hälfte des 18. Jahrhundert sich wandelnden Charakter der Paradeappartements von öffentlichen, repräsentativen Staatsräumen in Gesellschaftsräume des Hofes. Der Hofkalender für 1747 hält für den 8. Dezember 1747 fest:

Zwei originale Tabourets (Hocker) im Zweiten Vorzimmer, 2020.

„Geburts- und Nahmens-Tag Ihro Maj. Der Königin, begangen
zu Dreßden Freytags den 8. Dec. 1747. An diesem Tag war Gal-
la wegen Ihro Majest. Hohem Geburts- und Nahmens-Tages.
Mittags speiseten beiderseits Ihro Königl. Majest. in dem Eck-
Parade-Zimmer an einer Tafel. Zur Tafel ward geschlagen und
geblasen, und bei denen Gesundheiten ließen sich die Stücken
hören. Abends war Appartement in denen Königl. Parade-Zim-
mern auf dem Schloß und Concert."[12]

Zu dieser Gelegenheit wurde Johann Adolf Hasses Geburtstags-Cantata
„Che ti dirò Regina" auf einen Text der Schwiegertochter der Königin,
der bayerischen Kaisertochter Maria Antonia Walpurgis, uraufgeführt.
1796 wurde interimsmäßig Prinzessin Augusta in diesem Raum
einlogiert, wodurch sich gewiss auch die Möblierung änderte. 1829
richtete man, parallel zum Ersten Vorzimmer, ein „Caffe Zimmer" mit
einer Tapetentür als Durchgang zu den beiden „Conditorey Zimmern"
(Retiraden) ein. 1913 wurden Schiebetüren eingebaut. 1933 war der
Raum nochmals grundlegend verändert worden, da für eine Ausstellung der 100 Vasen Wände verkleidet, Wandvorsatztische, Spiegelaufsätze und vergoldete Gipsabgüsse von Konsolen aus dem Grünen
Gewölbe angebracht wurden. 1944 beräumte man das Zimmer wie
das ganze Schloss. Die Supraporten wurden beispielsweise in das Ber-
gungsdepot des Schlosses Zottewitz bei Priestewitz gebracht.
Von der reichen Innenausstattung blieben nach der Zerstörung Teile
des Kamins, Fragmente des Stuckgesimses, die nun konserviert wurden, Türgewände sowie Spiegelscherben übrig. Ein Trumeauxleuchter
sowie Teile von vergoldeten Tressenborten in Form eines Gitterwerkes
konnten in den Beständen des Kunstgewerbemuseums und in Schloss
Moritzburg identifiziert werden. Diese dienten als Muster für die Her-
stellungen der neuen Tressen. Die Silvestre-Gemälde und die Supraporten waren im Depot der Galerie Alte Meister aufbewahrt worden.
Nach den dekorativen Säulen mit dem Herrschaftsemblem AR im
Ersten Vorzimmer bedeutet die ausschließliche Wandbespannung
mit leuchtendem karmesinrotem Samt und üppigen Goldtressen
eine weitere Steigerung der Pracht.
Bei der sorgfältigen Überprüfung der Spiegelreste, des feuervergol-
deten bronzenen Rahmens als auch der rot unterlegten Goldradierungen wurden eindeutige Bezüge zum Sonnenkönig Louis XIV.
gefunden: das Bourbonen-Wappen mit drei Lilien, zwei verschlun-
gene „L", französische und lateinische Devisen und durch Wolken

Das Erste und Zweite Vorzimmer, Kupferstich von 1719.

dringende Sonnenstrahlen. Als Vorlage entdeckte Hans-Christoph Walther „Histoire du Roy Louis le Grand Par les Medailles, Emblémes, Devises, Jettons, Inscriptions, Armoires, et autres Monuments Public", Paris 1693 – ein Werk, das vielen damaligen Künstlern als Musterbuch diente. So konnte der Restaurator Bert Müller auf gesicherter Grundlage seine Ergänzungen gestalten und ein künstlerisch überzeugendes Ergebnis vorlegen.

Auf jedem seitlichen Spiegelstreifen befanden sich je fünf Medaillons mit Sinnsprüchen, die teilweise nur fragmentarisch und daher schwer lesbar erhalten waren. Fehlstellen konnten durch alte Fotografien belegt werden. Aus diesen Fragmenten und dem Musterbuch war es möglich, Devisen wie „VENI. VIDI. VICI" („Ich kam, sah und siegte") oder „ASSEZ DE LES VOIR POUR LES VAINCRE" („Es reicht aus, sie zu sehen, um sie zu besiegen") als markige Sprüche Louis XIV. zu identifizieren, denen sich Friedrich August I. gern anschloss. Auf dem Medaillon der rechten Spiegelseite sind Apollo und Daphne aus Ovids „Metamorphosen" abgebildet – eine inhaltliche Korrespondenz zum Spiegel im Ersten Vorzimmer, in einem weiteren Medaillon ist die fallende Figur des Phaeton dargestellt.

Hinweise in Quellen ließen vermuten, dass das Spiegelglas der über zwei Meter großen Wandspiegel im frühen 18. Jahrhundert aus einem Stück gefertigt worden sein könnte. Es stellte sich die Frage: Wer kann heute noch mit einer Zinn-Quecksilber-Legierung beschichtete Spiegel dieser Größe anfertigen? Andererseits war aus Spiegelfragmenten eine Mehrteilung der Spiegel ablesbar, da Schraublöcher in den Gläserfragmenten mit den überkommenen Holzrahmen übereinstimmten. Da von drei Spiegeln aus dem Audienzgemach und von einem Spiegel im Zweiten Vorzimmer insgesamt 84 Scheiben als Verlust und 58 Scheiben als

Teilverlust ermittelt wurden, konnte zunächst eine Schadenskartierung den Zustand jeder Scheibe aufnehmen. Danach brauchten einige Teile lediglich gereinigt werden, bei weiteren konnten Fehlstellen nach der Reinigung geschlossen werden, Zinkoxyd-Ablagerungen entfernt und zusätzlich Oxydationen des Zinnamalgam-Belages ebenfalls entfernt werden. Bei einigen Teilen sollte der Spiegelbelag neu aufgebracht werden. Fehlende Teile jedoch mussten gänzlich erneuert werden, und zwar durch die alte Technik der Zinn-Quecksilber-Amalgamierung. Das übernahm die Firma Spiegelart, Steffen und Christian Noack aus Weißwasser, die bereits Erfahrungen im Grünen Gewölbe sammeln konnten. Sie stellten mit kunstvollem Schliff die königlichen Initialen AR auf den Außenseiten wieder her und montierten alte, sanierte Teile mit ihren Neuanfertigungen zusammen. Es hatte sich beim Sichten der Reste herausgestellt, dass einer von drei Spiegeln im Audienzgemach noch so gut erhalten war, dass er durch Reinigung und Ergänzungen wieder verwendet werden konnte. Für die Neuanfertigung von Spiegeln wurde das Fraunhofer-Institut FEP einbezogen, das vorschlug, tatsächlich großflächige Spiegelscheiben bis zu drei Metern Höhe durch Sputtertechnologie zu beschichten. Sputtern, auch Kathodenzerstäubung genannt, ist ein physikalischer Vorgang, bei dem Atome aus einem Festkörper durch Beschuss mit energiereichen Ionen herausgelöst werden. Diese Spiegel kommen der alten Qualität nahe, doch wurde wegen anderer technologischer Probleme die Produktion abgesagt. Von den zwölf Tabourets haben nur zwei originale Exemplare aus dem 18. Jahrhundert die Zeiten überstanden, sowie sechs weitere Hocker aus dem 19. Jahrhundert, die nach den Mustern der Augusteischen Zeit gefertigt waren. Solche kleinen Sitzmöbel, von denen im ganzen Schloss ursprünglich 80 existierten, hatten einen hohen Verschleiß, da sie in verschiedenen Räumen ständig genutzt wurden. Es wurde entschieden, dass nur die zwei älteren Tabourets aufgestellt werden und keine nachgebaut werden.

Das Audienzgemach

Es folgen nunmehr die beiden Räume mit der größten Prachtentfaltung: das Audienzgemach und das Paradeschlafzimmer. Im Audienzgemach stand der gekrönte Audienzstuhl auf einem Podest unter einem glanzvollen Baldachin, auf dem August der Starke von nun an seine Gäste und auswärtigen Besucher empfing, während im Paradeschlafzimmer das kostbarste Möbel, das Paradebett, aufgestellt war. Das Ziel war *„die Gemächer mehr nach der Commodität und Zierde einzurichten".*[13]

Das Audienzstuhl-Ensemble nach der Rekonstruktion, 2020.

Decken und Fenster wurden 1719 erhöht, neue Türdurchbrüche geschaffen und die Räume mit kostbaren Textilien ausgestattet und aufwändig möbliert. Die Planung wurde von August dem Starken bis ins Detail begleitet, wobei er dem fachlichen Rat von August Christoph Graf von Wackerbarth weitgehend folgte.

Schon 1709 bis 1711 wurden in Paris zwölf gestickte Pilaster und Festons (Pfeiler und Ornamente) für eine Summe von 158 690 Taler bestellt, die die Hofkasse noch bis 1718 abzahlen musste. Die Pilaster waren aus vergoldeten Silberfäden gefertigt, die um sogenannte Lahne, Seidenfäden, gesponnen wurden. Der Karatgehalt des Goldes ist hoch (23 bis 23,5 C), und die Stoffe waren entsprechend teuer und glänzten golden. Zwischen den Pilastern hingen Lambrequins (Zierblenden) mit kunstvoll verschlungenen Posamenten am vergoldeten Stuckgesims, die Vorhänge und Portieren waren mit schweren Goldtressen benäht. Die Festons und Lambrequins waren so dicht gesponnen, dass man die Seidenfäden nicht mehr erkennen und das Ganze für ein durchgehendes Goldgewebe halten konnte. Ein 1715 von der Königlichen Spiegelmanufaktur in Berlin ins Warschauer Schloss gelieferter Kristallspiegel fand als Schaftspiegel im Audienzgemach eine neue Verwendung.

Bis zum Einzug der Braut war die Zeit ungeheuer knapp. Am 11. November 1718 schrieb daher Wackerbarth an den König nach Warschau:

„Eure Majestät gewährt mir die Gnade zu glauben, dass die geringste Angelegenheit, die in den Appartements noch zu machen ist, in der Veränderung der Türen, Fenster und der Erhöhung der Decken besteht, die Holzvertäfelungen und Parketts, also die Holzarbeiten, allerdings sind noch für die Fertigstellung der prachtvollen Möblierung nötig und alles dies, geehrter Herr, erfordert Zeit und Geld."[14]

766 Ellen karminroter Seidensamt waren vorhanden, noch 56 Ellen waren neu anzuschaffen. Nach heutigem Maß wurden 445 Meter Stoff verarbeitet. Sechs vergoldete Wandleuchter hingen bereits im Grünen Gewölbe, florentinische Tische standen im Bilderkabinett, sechs Gueridons (Standleuchten), um 1708 bis 1710 hergestellt, im Holländischen Palais. Aus allen Ecken wurden kostbare Möbel zusammengesucht. Einer der drei Audienzstühle erhielt eine neue Vergoldung. Vermutlich wollte man vorbeugen und sicherstellen, dem gewichtigen Kurfürsten wenigstens ein sicheres Sitzmöbel zu garantieren. Sechs Vorhänge und fünf Portieren aus schwerem Seidensamt

Audienzgemach am 2. September 1719, Kupferstich von 1719.

zierten Fenster und Türen. Auf 1710 kann man die Fertigung der Silbermöbel (Tische) und des Kaminschirms in Augsburg nachweisen. Im Kupferstich von 1719 sind außer den Uhren keine weiteren Ausstattungsgegenstände zu sehen. Sitzmöbel waren nicht vorhanden, da man in Gegenwart des Herrschers zu stehen hatte. Außerdem hielten sich im Raum an diesem Nachmittag so viele Gäste auf, dass man auf weitere Möbel verzichten konnte. Es fehlten auch die Silbermöbel (Wandblaker, Tische, Gueridons und Kaminschirm), die 1720 im ersten Inventar aufgeführt sind. Vermutlich sind sie erst nach dem Empfang der Braut für die weitere Nutzung des Audienzgemachs aufgestellt worden.

Fünf Supraporten sind nachweisbar, davon sind vier überliefert und nach der Rekonstruktion nun wieder zu sehen – an der Nordwand: „Rinaldo im Zaubergarten der Armida" (Silvestre), an der Ostwand, nördliche Tür: „Vertumnus und Pomona" (Silvestre), Ostwand, südliche Tür: „Venus und Adonis" (Silvestre), Südwand, östliche Tür: „Rinaldo und Armida" (Coypel), Südwand, westliche Tür: „Leda mit dem Schwan" (Silvestre), dieses Gemälde gilt als verschollen und wurde nach einer Fotografie durch den Maler Christoph Wetzel 2007 rekonstruiert. Jeder Gast hatte 1719 an seinem vorbestimmten Platz zu stehen. Es gehörte zu den wahrscheinlich schwierigsten Hochzeitsvorbereitungen, dieses umfangreiche Protokoll so zu gestalten, dass sich niemand übergangen fühlte. Die „Ausführliche Beschreibung des Ceremoniels..." von 1719 hielt dies, wie für alle Räume, sehr genau fest:

Das Audienzgemach, Foto um 1920.

Blick in das Audienzgemach, 2020.

„An der Seite von denen Fenstern herauf an die Mauer, so der Thür des Eingangs gegen über an den Dais [Podest] an, stellet sich die Printzeßin von Weissenfels und die Printzeßin von Culmbach, so dann käme die Groß-Feldherrin von Litthauen, die Potciey, die Cron-Marschallin, und die Cron-Schatzmeisterin. Darauf folgen die Gräfin von Sachsen und die Sächsischen Ministers-Frauen nach ihrem Rang, und sodann die übrigen Sächsischen Dames nach ihrer Ordnung, welche dann hintereinander treten. Hinten schliessen sich die Fräulein an, nach ihrem alten Range, und haben sich alle schon rangiret, ehe der Königlichen Printzeßin Hoheit ankommen. Auf der anderen Seite, wo der Camin ist, stehet die Ober-Hofmeisterin von der Königin an der obern Thüre vom Schlaf-Zimmer, so daß sie der Herrschafft Passage und Thür frey und offen lässet, und bleiben selbige in solcher Ordnung stehen, wann gleich Ihro Majestät die Königin heraus und zurück gehet, um die Printzeßin zu empfangen. Neben diese stellet sich hernach die Ober-Hofmeisterin von Ihro Hoheit der Königlichen Printzeßin, an welche sich die beyden Kayserlichen Cammer-Fräulein schliessen. Dann stehen Ihro Majestät der Königin und folglich Ihro Hoheit der Königlichen Printzeßin Hof-Dames, und stellen sich auf der Seite des Camins längst hinunter hart an die Wand, damit die Herrschafft vorbey könne."[15]

Inmitten dieser gold-roten Pracht zog der Audienzstuhl mit einem Baldachin von 2,40 Meter Breite und 3,40 Meter Höhe die ganze Aufmerksamkeit auf sich. Die Leipziger Manufaktur Apel arbeitete seit 1718 in diesem Meisterwerk kurfürstlich-königlicher Repräsentation. Damit bewies August der Starke seine hohe Wertschätzung für einen einheimischen Produzenten, der sich der europäischen Konkurrenz ohne Abstriche stellen konnte. Der Baldachinhimmel erhielt einen umlaufenden doppelten Kranz mit Fransenbesatz innen und außen. Die Rückwand war wiederum mit schwerem Samt bespannt. Der gesamte Raum war überwölbt von einem Deckengemälde „Herkules, die Laster zu Boden stoßend und die Tugend schützend", was natürlich als Allegorie auf die Herrschaft Augusts des Starken zu verstehen war. Silvestre hatte sich in der Bildkomposition von einem Deckengemälde seines Lehrers Bon Boullogne im Pariser Palais de Justice, 1688, anregen lassen und schuf im Audienzgemach ein Gemälde auf Leinwand in den Maßen 13 Meter mal 5,5 Meter. Zur Decke hin wurden die Vouten (Wölbungen) mit Architekturmalerei und Wappen des Kurfürst-Königs auf Putz bemalt. Friedrich August I. sah sich gern als Herkules, wie ihn Permoser auf dem Dach des Wallpavillons im Zwinger dargestellt hatte. Folglich verbindet er sich auf dem Gemälde mit dem Genius, der sich mit einem Schild des sächsisch-polnischen Wappen vor Eris, der Göttin der Verleumdung, der Zwietracht und des Neids schützt und mit dem erhobenen Zepter auf sie eindringt. Dessen Weisheit, Wahrheit und Gerechtigkeit stehen an Herkules` Seite, der zuvor bereits Eris bezwungen hatte. Wie im Planetenfest dient der Rückgriff auf die Antike der Verherrlichung des Hauses Wettin und seines Fürsten, der allen Hass und alle Verleumdung besiegt. Wer genau hinsah, konnte auf dem Blasebalg, der Beigabe der Verleumdung, die Signatur des Malers lesen: „1719. Silvestre pinxit". Die Maler, die Silvestre unterstützten, nutzten einen Entwurf, den dieser auf Veranlassung von Wackerbarth 1718 hergestellt hatte.

Um 1886 tauschte man die kerzenbestückten Kronleuchter gegen neue Leuchter mit elektrischem Licht aus. Erstmals nach den Umbauarbeiten von 1890/92 wurde der Raum 1894 fotografisch dokumentiert, nachdem er noch von Hermann Krone 1868 als Audienzgemach zu erkennen war, auch wenn bereits das Podest des Audienzstuhls fehlte. Nunmehr stand statt des Prunkmöbels ein Beraintisch mit zwei von weiteren sechs Armlehnstühlen. Der Baldachin war abmontiert worden. An den Wänden standen Halbtische. Damit verlor der Raum seinen historischen Rang und seine historische Funktion, auch wenn er noch für Audienzen genutzt wurde. Im Mai 1942 wurde bereits die Auslagerung vorbereitet: „2 Bronzeuhren, 1 Kaminschirm, 2 silb. Tische, 1 Gemälde, 4 Standleuchter, 1 Thronstuhl, 11 Stühle, 1 Hocker, 3 venz. Spiegel (in Wand eingelassen)".[16] Im Dezember 1943 wurde der sofortige Abtransport der Schlossmöbel zum Auslagerungsort Rothschönberg und anderen noch zu bestimmenden Bergungsorten festgelegt.

Die Rekonstruktion der beiden Deckengemälde

Ab 1944 erfolgte die fotografische Dokumentation der Deckengemälde im Audienzgemach und im Paradeschlafzimmer durch Rolf Werner Nehrdich (Berlin). Er fertigte Farbaufnahmen der Deckengemälde mit Kleinbildkamera (Farbdia) und Bermpholkamera (Duxochromien) an. Auf einzelnen Aufnahmen ist neben Maltechnik, Pinselduktus und Farbinformationen eindeutig zu erkennen, dass sowohl der textile Bestand, die Kronleuchter als auch die Supraporten bereits abgenommen worden sind. Die Aufnahmeserien umfassten auch die Deckengemälden der Zwingerpavillons, die Wand- und Deckenmalereien in der Gewehrgalerie des Langen Ganges, der Hofkirche, der Frauenkirche, des Palais im Großen Garten, der Semperoper und des Brühlschen- und des Japanischen Palais. Sie waren Teil des sogenannten „Führerauftrages Monumentalmalerei". Die Deckengemälde in beiden Schlossräumen konnten, da die Leinwand durchgehend angenagelt war, nicht entfernt werden. Sie brannten 1945 ab.

1947 wurde das teils erheblich beschädigte Bergungsgut zunächst in die Rüstkammer zurückgeführt und im Albertinum, im Heizungskeller des Johanneums und in der Schlossruine gelagert. Dort entwendete 1949 ein Angestellter der Hauptverwaltung der Dresdner Museen Kronleuchter und Wandleuchter. Teile des Kunstgutes waren ein Jahr zuvor zur Einrichtung eines Barockmuseums dem Schloss Moritzburg übergeben worden.

Die Wiederaufbaukonzeption konnte sich auf die fast komplett überlieferte textile Pilasterarchitektur, auf große Teile der Spiegel, Fragmente der Türgewände und des Kamins, auf die Supraporten, auf die Silbermöbel und den Audienzstuhl, zwei Wandleuchter sowie 34 Farbdias der Deckengemälde stützen. Dennoch konnten die Gemälde Silvestres nicht im Original wieder entstehen, da die Fotografien von 1944 nicht den originalen Farbzustand wiedergaben. Sie wurden zunächst digital erfasst und entzerrt. Allerdings wurde auch hinterfragt, ob diese Gemälde überhaupt wieder entstehen sollten, ob alle Details überhaupt ausführbar seien, ob es nicht andere Möglichkeiten wie gescannte Reproduktion der alten Dias geben könne, etwa wie man in Venedig mit dem Paolo-Veronese-Gemälde „Die Hochzeit von Kanaa" verfahren war. Das Original war gescannt worden, auf eine grundierten Leinwand in kleinen Platten aufgedruckt und an den Stoßstellen retuschiert worden – aber das schien doch kein Weg für Dresden zu sein. Deshalb entschied man sich für die größtmögliche Annäherung an die Originale, da die Gemälde mit der angrenzenden Architekturmalerei von insgesamt 163 m² bzw. 180 m² ein

Das Deckengemälde im Audienzgemach, 2020.

wesentlicher Bestandteil der Rauminszenierung sind. Die Aufgabe war demzufolge eine Nachschöpfung, die ein nicht mehr existierendes Original ersetzen und ihm maltechnisch so nahe wie möglich kommen sollte. Dazu konnten zwei farbige Entwürfe Silvestres herangezogen werden, die sich im Musée des Arts décoratifs, Paris, befinden. Die originalen Farbpigmente untersuchte man anhand anderer Gemälde Silvestres. Es wurde eine Gruppe von neun Malern (Restauratoren, ein Maler, ein Kirchenmaler, zwei Theatermaler) unter der Leitung von Sabine Posselt ausgewählt, die Malproben eines Puttos und eines Rahmendetails anfertigten. Ihnen standen farbige Ausdrucke des historischen Bildmaterials zur Verfügung. Ein externer künstlerischer Betreuer begleitete nun die aufwändigen Arbeiten, unterstützt von Harald Marx (geb. 1942), dem ehemaligen Direktor der Galerie Alte Meister und Kenner des Werkes von Silvestre. Zuerst entstanden zwei Bozzetti (Modelle im Maßstab 1:10), danach Einzelstudien im Format 1:1. Allmählich wurde aus den Teilen der Abgleich von Farben und Formen in Bezug auf die Gesamtkomposition vorgenommen. Auch auf einigen historischen Schwarz-Weiß-Aufnahmen, die den Malern ebenfalls zur Verfügung standen, war die linke Ecke des Gemäldes im Paradeschlafzimmer in Höhe des Bettes nur noch als dunkle Schicht wahrnehmbar. Hier war es notwendig, die bildlichen Vorstellungen des Originals zu entschlüsseln, denn im 19. Jahrhundert waren einige Stellen übermalt und mit anderen Motive besetzt worden. Eine Exkursion nach Sceaux in das Schloss des französischen Finanzministers Louis` XIV., Jean-Baptiste Colbert (1619–1683), war notwendig. In einem Pavillon des Schlosses hatte Silvestres Lehrer Charles Le Brun ein Deckengemälde geschaffen, das Motive enthielt, die Silvestre auch in seinem Gemälde verwendete.

Im März 2019 begann schließlich die Umsetzung der langen Erprobungsphase. Die Werkstätten der Sächsischen Staatstheater hatten zwei Leinwände genäht und bespannt, die zunächst auf dem Boden beider Räume rot grundiert und mit Untermalungen sowie Bleiweißzeichnungen versehen wurden. Dann wurden beide Rahmen an starken Seilen an die Decken gezogen und gedreht, so dass die Leinwand mit der Vorzeichnung nach unten hing und die Maler auf Gerüsten in alter Manier, also über ihren Köpfen, mit der Ausführung beginnen konnten. Dank der langen Vorbereitungszeit gelang es unter erheblichem Zeitdruck die Gemälde so rechtzeitig fertigzustellen, dass alle nachfolgenden Arbeiten der gesamten Inneneinrichtung erst kurz vor der Eröffnung abgeschlossen werden konnten. Die feine dekorative Malerei an den Paneelen und Fensterlaibungen im Audienzgemach wurde im Frühjahr 2020 komplettiert.

Die textile Ausstattung des Audienzgemaches

Großen Raum nahm seit 2008 die Diskussion um die Reinigung der überlieferten **Goldpilaster und Posamenten** ein. Der gesamte Bestand der Gold-Textilien war 1942 geborgen und seit 1946 im Kunstgewerbemuseum aufbewahrt worden. Von ursprünglich 13 Pilastern sind zwölf bis auf eine fehlende Basis, von acht halben Pilastern vier erhalten, ebenso Teile des Posamentenbesatzes, der Feston-Lambrequins. Da die Gewebe aus Seidenfäden (Lahne) mit Umspannung von feinen Silberdrähten und Blattgoldauflagen bestanden, entstanden durch Korrosion schwarze Silbersulfidablagerungen, vertieft durch Schmutzeinlagerungen. 1891, in Vorbereitung des 800-jährigen Wettins-Jubiläums, versuchte man der Patina mit einer Reinigungsbeize Herr zu werden, wodurch manche Gewebe sehr fragil wurden. Schadhafte Stellen an den Pilastern und Lambrequins wurden neu vergoldet und mit anderen Materialien versehen. Einzig die im gleichen Jahr abgenommenen Teile des **Thronbaldachins** kamen in eine Kiste, wurden verschlossen und entgingen der groben Reinigung und Korrosion.

Etwa 100 textile Einzelteile konnten als zur Ausstattung des Raumes gehörig identifiziert werden und füllten eine große Exeldatei mit dem vermuteten Standort, mit allen technischen Einzelheiten und mit Schäden, so dass ein Überblick über den Bestand und die zu erwartende Rekonstruktionsarbeit entstand.

Bereits 2007 begann das Institut für Textilmaschinen und Textile Hochleistungswerkstofftechnik der TU Dresden mit der Analyse der Gewebe und des Gehalts von Seide, Gold, Silber und Kupfer. Das Fraunhofer Institut für Elektronenstrahl- und Plasmatechnik untersuchte mit Rasterelektronenmikroskopie die Stärke der Materialien. Dabei ergab sich, dass 1718 in Leipzig Gold in einer Schichtstärke von 200 Nanometer auf die Silberdrähte aufgetragen wurde, obwohl zu dieser Zeit die Maßeinheit Nanometer noch unbekannt war und ein Nanometer der einmillionste Teil eines Millimeters ist.

Für die Reinigung wurden sechzehn Verfahrensvorschläge, die in österreichischen Instituten und Restaurierungswerkstätten eingesetzt wurden, überprüft und größtenteils verworfen, u. a.

* Lösung der Sulfidschicht mit Schlämmkreide und feuchten Wattestäbchen, wobei sich die Sulfide ablösen, aber die Schlämmkreide zurückbleibt,

Audienzstuhl umrahmt von gereinigten originalen Goldpilastern der Baldachin-Rückseite, 2020.

- Strahlgutreinigung mit Trockeneis und Lufthochdruck, die das Sulfid beseitigt, aber die Fäden beschädigt,
- Strahlgutreinigung mit Schneepartikeln aus Trockeneis und Druckluft, wobei aber Kondenzwasser entsteht,
- Feinpartikelbestrahlung mit Dolomitmehl, aufgetragen mit Mikrostrahl, die Rückstände des Reinigungsmaterials hinterlässt,
- Elektrolytisches Verfahren,
- Chemisches Verfahren mit Thioharnstofflösung, wobei die Naturfarbstoffe der Seide abgebaut wird und sich Kristalle bilden,
- Laserverfahren mit unterschiedlichen Frequenzen, wobei die Seide beschädigt wird,
- Benutzung von Microfasertuch, Latexschwämmchen u.ä., die allerdings ohne Ergebnis blieben,
- mehrere Radiergummi-Sorten, die sich alle nicht eigneten,
- die Verwendung von Radierstiften, verbunden mit Wattestäbchen.

Letzteres versprach bei ersten Versuchen die schonendste Behandlung. Dadurch wurde die Sulfidschicht reduziert, und die Goldschicht blieb erhalten. Parallel wurde jedoch ein Alterungstest durchgeführt, wonach ohne einen Schutzlack die Korrosion nach kurzer Zeit wieder einsetzte. Schließlich entschied sich der Fachbeirat für Textilien – Bettina Niekamp (Restaurierungswerkstatt der Abegg-Stiftung Riggisberg/Schweiz, die auch maßgeblich an der Konservierung des Zittauer Fastentuchs beteiligt war), Nadja Kuschel (Textilwerkstatt der Stiftung Preußischer Schlösser und Gärten, Gerdje Gerhold, (Textilwerkstatt des Domstifts Brandenburg), Barbara Franeck, (Textilrestauratorin des Kunstgewerbemuseums, Staatliche Kunstsammlungen Dresden) mit den betreuenden Restauratorinnen Christine Supianek-Chassay und Dr. Sabine Schneider, nach den Ergebnissen der umfangreichen Schadenskartierung, die Pilaster und Posamenten durch eine Trockenreinigung mit Feinstaubsauger und Pinsel von Staub und Verschmutzungen zu befreien.
2017 erhielt das Atelier Textilrestaurierung Neugebauer GmbH Wien den Auftrag, die Pilaster und die dazugehörigen Lambrequins, welche teilweise rekonstruiert werden mussten, wieder für die Aufhängung am alten Ort zu stabilisieren. So ergab sich ein anschaulicher Wechsel von rekonstruierten und originalen Teilen mit historischer Patina. Wer sich die Pilaster heute von der Seite gegen das Licht anschaut, erkennt den tiefer liegenden Goldschimmer.

Die Behänge des Thronbaldachins waren weniger korrodiert und konnten so ergänzt werden, dass der Innen- und Außenkranz ebenfalls aus alten und neuen Teilen zusammengesetzt wurde. Posamenten wurden weiterhin durch die Firma Passementiers Declercq (Paris) und von Susanne Schink-Heilmann (Schink-Posamenten, Dresden) nachgestaltet. Den Goldstoff der Festons lieferte die Seidenweberei Georges Le Manach (Tours).

Der **Audienzstuhl**, zu Beginn des 18. Jahrhunderts hergestellt, wurde dreimal überarbeitet: 1718 mit einer Polimentvergoldung versehen, 1947 und 1985 aufgepolstert, mit neuem Stoff überzogen und nochmals vergoldet. Dabei wurden Ersatzstoffe verwendet, Bronzierungen aufgetragen, die naturgemäß nicht der Qualität des originalen Seidensamts und der Posamenten entsprachen. Als dem wichtigsten Möbelstück des Audienzgemachs war die Wiederbespannung mit den gleichen Materialien erforderlich, die im ganzen Raum verwendet wurden, zumal kleine Reste der Posamenten, der Goldtressen und des Sitzpolsters gefunden wurden. Teile der Neuvergoldung von 1985 waren abgeplatzt, wurden aber an anderen Stellen sorgfältig konserviert. Teilweise konnte die Vergoldung des 18. Jahrhunderts freigelegt werden, sodass wiederum ein spannungsvolles Miteinander alter und neuer Schichten entstand, das an unterschiedlich rötlichen und goldenen Farbtönen bzw. an Hochglanzpolierungen zu sehen ist. Einige Bildquellen des 18. Jahrhunderts zeigen vergoldete, ungepolsterte Armlehnen, doch ist der Stuhl mit gepolsterten Armlehen überliefert. Wann diese Polsterung erfolgte, ist nicht mehr nachvollziehbar, allenfalls vor 1865. Andererseits ist auf einem Portrait Augusts von Silvestre, 1720, durchaus eine Polsterung erkennbar, sodass entschieden wurde, diese Fassung zu übernehmen, zumal sie die geringsten Eingriffe in den Originalbestand bedeutete. Reinhard Roßberg (Leipzig-Markkleeberg) übernahm die Polsterung unter Verwendung alter Materialien und unter Beachtung der Wiederherstellung der alten Formen.

Für die Neuherstellung des Brokats an der Rückwand des Baldachins wurden mehrere Firmen, u. a. in Sachsen, in Oberlichtenau und Crimmitschau angesprochen. Die Seidenhandweberei Franz J. Ippoldt aus Rozier en Donzy in Frankreich konnte eine Probe auf einem Schafthandwebstuhl des 18. Jahrhunderts vorlegen, die dem Original absolut entsprach.

Das Paradeschlafzimmer, Foto von 1930.

Das Paradeschlafzimmer

Der zeitgenössischer Bericht von 1719 beschreibt die letzte zeremoniale Situation am Ende des Empfangs der Braut:

„[...] *Worauf die Königin auf vorige Art die Printzeßin wieder bey der Hand nimmt, und Ihro Majestät dem Könige in die Retirade folgen. Wann Ihro Majestät die Königin wieder zurück in das Paradeschlafzimmer eintreten, behalten Sie die Printzeßin, biß Sie mitten ins Zimmer kommen, bey der Hand. Ihro Hoheit der Königliche Printz gehen mit ins Schlaf-Gemach und bleiben lincker Hand inwendig an der Thüre stehen und lassen beyde Maj. Maj. vorbey passieren. Des Hertzog von Weissenfels Durchl. der Herr Graf von Lagnasco, und der Herr Trabanten-Hauptmann bleiben aussen beym Audientz-Gemach stehen, der Herr Ober-Cammerherr hingegen bleibet aussen an der Thüre des Schlaf-Gemachs zur andern Seite gegen der Ober-Hofmeisterin stehen, wie ingleichen die Herren Ober-Hofmeistere. In das Schlaf-Zimmer treten Ihro Maj. Maj. und Ihro Königliche Hoheiten, Hoheiten alleine ein, und setzen sich daselbst, wie im*

85

Das Bett im Paradeschlafzimmer, 2020.

Das Deckengemälde im Paradeschlafzimmer, 2020.

Schemate marquiret, Ihro Ihro Majestät Majestät auf die bey-
de Sie gesetzte Fautevils, Ihro Ihro Königl. Königl. Hoh. Hoh.
Printz und Printzeßin auf die beyden Chaises à Bras [Stühle mit
Rückenlehne]."[17]

Selbstredend kam für August den Starken nicht infrage, die rot-sam-
tene Pracht des Audienzgemachs im Paradeschlafzimmer einfach zu
wiederholen, sondern er entschied sich für die „Apelschen Banden",
bereits 1718 gelieferten Goldbrokat sowie für schweren, grünen Seidensamt an den Wänden, „Verd de Saxe" genannt. Der Goldbrokat
wurde zu jeweils fünffachen Mustern mit exotischen Pflanzen- und
Fächermotiven auf 20 Bahnen verarbeitet. Glatte und gekräusel-
te Goldfäden verliehen den einzelnen Motiven unterschiedlichen
Glanz und Struktur. Darüber hinaus wurden kleine und kleinste Ornamente aus rotem Seidensamt aufgenäht und die 20 Brokatbahnen
auf dem grünen Seidensamt der Wandbespannung befestigt.
Das **Deckengemälde** „Der anbrechende Tag" hatte Silvestre bereits
1715 in Paris vorproduziert. Auroras Himmelwagen wird von zwei
Horen flankiert: eine gießt Tau aus, die andere läutet den Tag ein.
Darunter lagert Flora, die Gemahlin des Westwindes Zephir mit
Schmetterlingsflügeln, daneben blasen die Winde Notos, Boreas
und Euros. Über dem Paradebett umgeben Traumwesen den Schlaf

Pollux reitet über die Morgenwolken im Deckengemälde vom Bett aus gesehen, 2020.

und die Nacht. Südöstlich als absteigender Reiter stellt Castor den Abendstern dar, der sich die Unsterblichkeit am Götterhimmel mit seinem Bruder Pollux, dem Morgenstern um den Preis teilen muss, dass sich beide nicht begegnen. In der nordöstlichen Ecke bricht das Sonnenlicht hervor. Die vier Gespanne des Apollo sprengen heran, Pollux reitet durch die Wolken des Morgenhimmels.

Und dann stand da noch das extragroße **Paradebett** in den Maßen 4,50m Höhe, 2,30 Meter Breite und 2,82 Meter Tiefe mit einem Baldachin. Es diente ausschließlich zeremonialen Zwecken. Nie hat jemand dort geschlafen, es sollte auch niemand darin schlafen, aber es musste dort stehen. Es war in Dresden nicht geplant, wie Louis XIV. von seinem Prunkbett aus sein Reich zu regieren, aber das französische Vorbild war uneingeschränkt verbindlich, wollte man in Europa anerkannt sein. Apel hatte 1718 drei verschiedene Goldstoffe und roten Seidensamt geliefert, die teilweise dreifach übereinander ausgelegt und mit gelber und grüner Seide aufgestickt wurden. Die Verwendung der Brokatschmuckbahnen und grünen Samtbahnen entsprach der Anordnung im Paradeschlafzimmer. Die Vorhänge, die das Bett vollständig umschlossen, waren mit rotem Seidensamt gefüttert, die Fenstervorhänge und Portieren dagegen mit grünem Taft. Über dem Betthimmel ragten zwei Bekrönungen in Form von Vasen, mit Straußenfedern geschmückt.

Zwei Spiegel, Wand- und Trumeauxleuchter sowie drei Supraporten ergänzten die Ausstattung. Beiderseits des Kamins an der Westwand standen, von Armlehnstühlen flankiert, zwei Hochzeitstruhen auf dazugehörenden Tischchen. Das waren teure Toilettentruhen des französischen Möbelkünstlers Charles Boulle, der für Louis XIV. mit kunstvollen Möbeln Ersatz für die zur Finanzierung von Kriegen eingeschmolzenen Silbermöbel schaffen musste. Die Armlehnstühle hatten einen der Wandbekleidung entsprechenden Bezug. Sieben Stühle, zwei aufwändig gearbeitete Schreibtische und vier Tabourets jeweils vor dem westlichen und östlichen Teil der Nordwand vervollständigten das Mobiliar.

Originale Bekrönung des Paradebettes, nach der die Stoffe rekonstruiert wurden.

Die drei Supraporten unbekannter Künstler „Raub der Proserpina", „Diana, Aktäon in einen Hirsch verwandelnd" und „Die Auffindung von Romulus und Remus" (Kopie nach Pietro Berettini Da Cortona) sind zwei- bis viermal nach ihrer ersten Präsentation im Paradeschlafzimmer in ihren Formaten verändert worden. Hier waren umfangreiche Restaurierungsmaßnahmen notwendig, um die Bilder wieder in den rechten Rahmen einzupassen.

Zum echten Schlafzimmer wurde das Paradeschlafzimmer 1855 für König Johann und seine Gattin Amalie Auguste. Wegen der Größe des Raumes konnte ein Teil als Toilettenzimmer abgeteilt werden.

Durch diese veränderte Nutzung blieb von der prachtvollen Innenausstattung nur wenig erhalten. Aber auch hierbei erlaubte die Quellenlage die Rekonstruktion. Supraporten, Kamingewände und ganz wesentlich: ein Teil der rückwändigen Wandbespannung des Paradebetts und die linke Bekrönung des Bettes waren, neben den bildlichen und schriftlichen Quellen, erhalten geblieben. (Jetzt bekommt dieses Schmuckelement als eines der seltenen Originale von 1718 seinen Ehrenplatz in einer kleinen Vitrine im Paradeschlafzimmer.) Beide erlaubten nach gründlicher Analyse die Identifizierung der verwendeten Gewebe und Muster, die eine fadengenaue Rekonstruktion zuließen: der grüne Seidensamt für die Binnenfelder der Wandbehänge, das Grundgewebe des Brokats aus roter und grüner Seide für die Schmuckbahnen der Wände und Vorhänge mit ihren glatten und krausen Goldfäden und der rote Applikationssamt für die Stickerei der Schmuckbahnen. So war die vollständige Rekonstruktion aller Stoffe im Paradeschlafzimmer anhand eines relativ kleinen Modells – die Bekrönung ist nur 58 Zentimeter hoch – möglich.

Die Goldstoffe konnten auf diese Weise in der Fondazione Lisio in Florenz nachgewebt werden auf einem alten Handwebstuhl, der 140 Kettenfäden pro Zentimeter verarbeitet, was keine moderne Maschine schafft. Das Material besteht aus Seide, die mit vergoldetem Silber versponnen ist, welches den früher in Lyon hergestellten Stoffen entspricht. Den neuen roten Seidensamt hat die Seidenweberei Tessitura Giuseppe Gaggioli, Zoagli-Genua produziert, den Brokat Franz J. Ippoldt, Soierie de Fantasque, Rozier en Dozy, Frankreich, und in der Stickwerkstatt der Kunsthochschule Halle-Giebichenstein wurden in mühsamer Arbeit die kleinen Samt-Teile millimetergenau eingepasst.

Mehr als 50 Möbeln der Paraderäume sind erhalten. Weitere fehlenden Möbel sollten nicht ersetzt werden, um auch hier Verluste deutlich zu machen. Doch haben sich kostbare Schätze erhalten: die Augsburger Silbertische oder die beiden Toilettentruhen aus dem Schlafzimmer, in Paris bei Charles Boulle hergestellt. Im Laufe der Jahrhunderte hat es kleinere Schäden sowie Bearbeitungen der Marketerie und der Beschläge gegeben, sodass die Frage gestellt wurde, wie man mit heutigen Erfahrungen bei einer Rekonstruktion von solchem Mobiliar verfahren sollte. Es geht nicht darum, den Originalzustand von 1719 wieder herzustellen, indem man Alterungsprozesse ignoriert, Metallkanten aufpoliert, sondern es wird lediglich die Schließung von Fehlstellen vorgeschlagen, diese allerdings mit historischen Materialien. Die Firma ProDenkmal übernahm die Aufnahme aller Möbelstücke, die Schadenskartierung und schlug für jedes Stück eine eigens zugeschnittene Restaurierung vor.

Noch sind nicht alle Restaurierungen abgeschlossen, doch nach und nach werden auch die Möbel an ihren Plätzen stehen können. Der Besucher verlässt die Paraderäume über die beiden Bilderkabinette und findet sich im neuen Treppenhaus des Bärengartenflügels wieder, das zu anderen Ausstellungen wie dem Neuen und Alten Grünen Gewölbe führt.

Das Planetenfest im September 1719

Für August den Starken war nach den Festlichkeiten im Schloss noch nicht das Ende der Pracht erreicht. Ab dem 10. September 1719 schloss sich das vierwöchige Planetenfest an, das, wie die Deckengemälde in den Paraderäumen, ebenfalls unter das Thema des Wettstreits der Götter gestellt war.

Ohne den Segen der Götter bewegte sich beim Planetenfest nichts: Die Planeten-Götter Apoll/Sol (für Gold), Mars (für Eisen), Jupiter (für Zinn), Diana/Luna (für Silber), Merkur (für Quecksilber), Venus (für Kupfer) und Saturn (für Blei) standen bereit, um in Wettstreit zu treten, wer das schönste Fest für das Brautpaar ausrichten würde.

Zum letzten Fest des Saturn trafen sich alle Planeten-Götter auf einer festlich illuminierten Felswand am Breiten Stein im Weißeritztal, um unter der „Constellatio felix", der „glücklichen Sternenkonstellation", und unter dem gekrönten Monogramm des „Erdengottes" Augusts des Starken den Wettstreit in Harmonie zu beenden. Die Illumination war zwölf Meter breit, und sicher kann man sie sich etwa wie den Schriftzug „HOLLYWOOD" über Los Angeles vorstellen.

Jedes Fest hatte einen speziellen Charakter und fand, wenn das Wetter mitspielte, auch an dem entsprechenden Wochentag statt.

Das **Apollo-Fest** eröffnete am 10. September 1719 den Reigen vor und im Holländischen (Japanischen) Palais. Zur Musik von Johann David Heinichen (1683–1729) schwebten alle Götter in einer Wolke über den Musikern der Hofkapelle und stellten das gesamte Programm vor. Zur Elbe hin war ein Gondelhafen geschaffen worden, der venezianische Atmosphäre verbreitete. Im Spiel gewann Jason das Goldene Fließ, wobei bekannt war, dass der amtierende österreichische Kaiser Karl VI. als neuer Jason gefeiert wurde. Mit einer pyrotechnischen Glanzleistung eines beeindruckenden Feuerwerks über der Elbe endete der erste Abend.

Zwei Tage später rief Mars beim **Mars-Fest** die Männer zu Ritterspielen zu Fuß und zu Ross auf den Altmarkt mit ziemlich scharfen Waffen, die man aus der Rüstkammer bereitstellte. Der sächsische Adel verließ blamiert den Kampfplatz, da viele beim Stechen mit Schwert oder Spieß ihre Ziele verfehlten. Vielleicht wollte August der Starke den mangelnden Kampfgeist seiner eigenen Vasallen öffentlich vorführen, aber es ging ohne Blessuren ab.

Am 13. September 1719 war zwar abends die Festaufführung von Antonio Lottis „Teofane", aber tagsüber wurde emsig im Zwinger

Große Illumination zum Saturnfest, Kupferstich von 1719.

Apollo-Fest beim Holländischen (heute: Japanischen) Palais, Kupferstich von 1719.

geübt für das „Karussel", den großen Aufzug vieler Mannen zu Pferde für das **Jupiter-Fest** am 15. September. Die Choreographie des Reiter-Balletts war höchst anspruchsvoll, und keiner durfte aus der Reihe reiten, was das prachtvolle Bild sofort zerstört hätte. Lanzenstechen im Verband mehrerer Gruppen wurde ebenfalls vorgeführt. Möglicherweise nickte mancher Reiter am Abend in der Opernvorstellung vor Erschöpfung ein.

Am Sonnabend, dem 16. September, war Ruhetag für die Herren, die Damen übten für das Ballett des Venus-Festes.

Außerhalb der Konkurrenz der Götter lief am 17. September das **Türkische Fest** auf einem Gelände der heutigen Prager Straße. Pöppelmann hatte ein türkisches Palais gebaut, dessen Einrichtung aus dem Coselschen Palais übernommen wurde (die Gräfin Cosel saß längst auf der Burg Stolpen). Der Garten hatte viel Ähnlichkeit mit einem Serail. Die 300 Mann starke Garde war als Janitscharentruppe kostümiert, deren Mitglieder sich türkische Bärte hatten wachsen lassen müssen. Sie standen Spalier, als die Gäste zum Essen und abends zum Wettschießen schritten. Der Großbotschafter Ibrahim Pascha, der zuvor in Wien einen Frieden zwischen Venedig und dem Osmanischen Reich abgeschlossen hatte, war Ehrengast. Zugleich

Mars-Fest auf dem Altmarkt am 12. September 1719, Kupferstich von 1719.

konnte August seiner Freude an allem Orientalischen, das man heute in der Türckischen Cammer bewundern kann, ausbreiten.

Schon einen Tag später gab es auf der Elbe ein großes Tiergemetzel zum **Diana-Fest**, genannt kurfürstliche Jagd. Zwischen Alt- und Neustädter Ufer waren Netze gespannt, durch die die Tiere ins Niedrigwasser der Elbe gejagt wurden. Gegen zwei Uhr nachmittags erschien auf einer silbernen Gondel die Göttin Diana mit ihren Nymphen. Das Wildbret wurde anschließend an die fürstlichen Gäste und deren Dienerschaft verteilt. Nachdem das Tierblut elbabwärts abgeflossen war, vergnügte man sich abends in der Komödie „La Princesse d`Elide" von Molière.

Nach einem weiteren Ruhetag begann am 20. September im Zwinger das **Merkur-Fest**, das eine kurfürstliche Leipziger Messe darstellte: Sächsische Adlige, verkleidet als Händler aus China, Persien, der Türkei und europäischen Ländern boten Waren aus aller Welt dar, wie sie zur damals bedeutendsten Messe in Leipzig feilgeboten wurden, und die August vorher bei echten Kaufleuten hatte erwerben lassen. Da der Begriff Wirtschaft zugleich den merkantilistischen Handel wie auch das Gasthaus bezeichnete, stellte August mit seiner Frau das Wirtspaar dar, das die Gäste zum Festmahl einlud. Gewiss

94

Merkur-Fest im Zwinger am 20. September 1719, Kupferstich von 1 / 19.

wollte er auch zeigen, dass nach 25 Jahren seiner Herrschaft das Land prosperierte. Am Abend wurde der Zwinger hell beleuchtet, es gab allerlei Darstellungen wie auf dem Jahrmarkt, und zum Schluss wurden kostbare Lotteriegewinne eingelöst.

Das **Venus-Fest** am 23. September um das Palais im Großen Garten war Sache der Damen. Auf zwölf Rennbahnen begann das Damenringstechen. Aus den Wagen heraus hatten die Damen mit einer Lanze nach einem Ring zu stechen. Zwei Proben, am 14. und 21. September, setzte August der Starke an, damit alles reibungslos verlief. Anschließend wurde in einem eigens angelegen Naturtheater das Opernballett „Les quatre Saisons" („Die vier Jahreszeiten") von Hofkapellmeister Johann Christoph Schmidt (1664–1728) aufgeführt. Zum Abend gab es im Palais eine große Festtafel.

Da der Kurfürst Sujet, Ablauf und Ausführende von „Les quatre Saisons", einem „Divertissement de Musique et de Dance" selbst bestimmt hatte, wollte er höfische Galanterie, Schönheit, Liebe und Fruchtbarkeit aus erster Hand zeigen. Daher war die Hofgesellschaft zur Mitwirkung verpflichtet. Der Text stammt von Monsieur Poisson, Mitglied der französischen Komödientruppe, die als Musiker und Tänzer ebenfalls mitwirkten. Nach der Ouvertüre und den ers-

Der Hofkapellmeister Johann Christoph Schmidt

Schmidt stammte aus Hohnstein (Sächsische Schweiz) und ist heute völlig unbekannt. Er wurde Hofkapellmeister mit Augusts des Starken Amtsantritt und verstand es 1696/7 trefflich, Augusts Geschmack zu treffen, indem er „Opéra-ballets" komponierte, die jener bei seinem Vorbild Louis XIV. so schätzte und in denen die Hofgesellschaft zugleich Ausführende wie Publikum war.

Johann Georg III. hatte Schmidt üblicherweise zum Studieren nach Italien entsandt, so dass er den italienischen Stil ebenfalls beherrschte. Aber August der Starke liebte seine „Lullisten", Hofmusiker, die in Frankreich ausgebildet worden waren und den französischen Stil pflegten.

Augusts Konversion zum Katholizismus bereitete Schmidt eine Menge Probleme. Aufgewachsen in der protestantischen Tradition von Heinrich Schütz, blieb er seinem evangelischen Glauben treu, musste aber ständig zwischen protestantischer und katholischer Kirchenmusik hin- und herwechseln, da der Hof in Dresden und die Kurfürstin evangelisch blieben. Für sie versah Schmidt in der Schlosskapelle jahrzehntelang seinen Dienst. In Warschau dagegen hatte er 1697 eine vierzigköpfige katholische Hofkapelle zu organisieren.

1704, nach Augusts Flucht aus Warschau, mussten die Warschauer Musiker für die Hofmusik und die Gottesdienste in Dresden und Moritzburg, wo August der Starke seine katholischen Messen feierte, beschäftigt werden. Wir wissen nur, dass er zu den Gottesdiensten immer „eine angenehme Musik gemachet hat", wie die Hofjournale wiederholt überlieferten. Weil ständig Geld fehlte, wurden viele Musiker entlassen, dann wieder eingestellt oder zu anderen Diensten verpflichtet. Endlich 1709 konsolidierte sich die Lage auch für die Hofmusik. Aus den Mitgliedern der Hofkapelle und weiteren Musikern, die die damals modernsten Instrumente beherrschten, ließ der Kurfürst-König durch Johann Christoph Schmidt einen Instrumentalkörper bilden, genannt „Orchestre". Mit chorisch besetzten Streichern der Violinenfamilie, mit Querflöten, Oboen, Fagotten und Hörnern, ergänzt durch die damals unerlässlichen Continuo-Instrumente wie Orgel, Cembalo, Theorbe, Kontrabass u. a., war die Formation 1710 komplett (Trompeter kamen aus der Gruppe der Hoftrompeter, über die der Reichsfürst und Erzmarschall August reichlich verfügte). Ihre Hauptaufgabe bestand zunächst im Begleiten von Ballett- und Theateraufführungen einer neu engagierten französischen Truppe, bevor sie auch für die italienische Oper eingesetzt wurde. Damit begründete Schmidt den Ruhm der Dresdner Hofkapelle, die dann unter

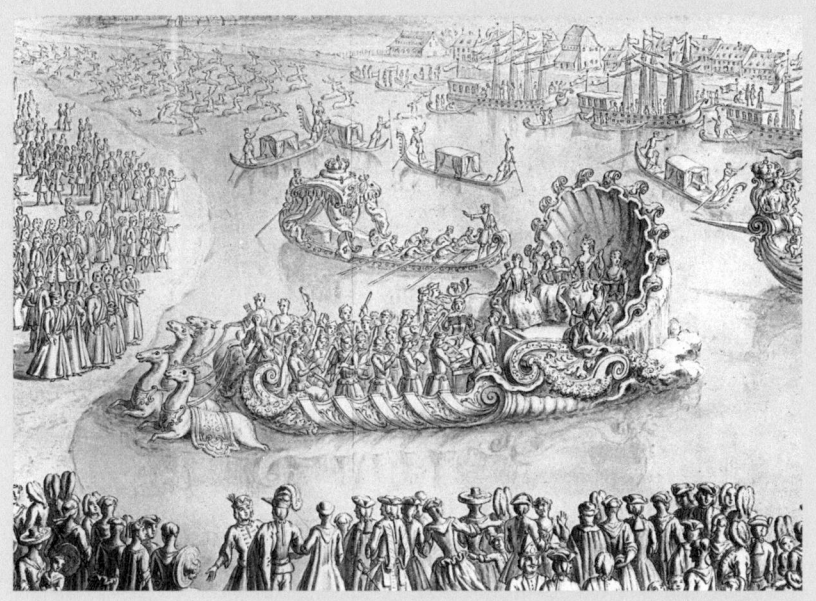

Diana-Fest mit Aufführung der Kantate „Diana sull' Elba" von Johann David Heinichen am 18. September 1719, Kupferstich von 1719.

Johann Adolf Hasse ab 1733 zum angesehensten europäischen Orchester wurde. Viele Kompositionen Schmidts sind verbrannt, als im Siebenjährigen Krieg die Pirnaische Vorstadt von den Preußen verwüstet wurde und das prinzliche Palais, das das gesamte Musik-Repertorie des 17. Jahrhunderts beherbergte, in Flammen aufging. Von den wenigen Werken sind neben geistlichen Konzerten fünf Tanz-Suiten überliefert, die Augusts französischem Geschmack entsprachen und vermutlich während des Planetenfests erklungen sind.

Von den musikalischen Beiträgen der Hofkapelle zum Planetenfest sind nur wenige konkrete Titel bekannt. Es dominierte eindeutig die Vorliebe des Kurprinzen für die italienische Musik mit Johann David Heinichens Werken „La Gara deglie Dei" (Der Wettbewerb der Götter) und die „Serenata fatta sull`Elba", eine auf Dianas Gondel von der Hofkapelle gespielte Serenata, die vermutlich eine gewisse Ähnlichkeit mit seiner Serenata von 1716 in Venedig hatte. Es traten auf Diana und ihre Nymphen Climene, Dafne, Nisa und Alcippe. Jede der Damen sang nach dem Eingangschor eine Aria, im Schlusschor wurden die Klänge am Strand durch das Echo angenehm vervielfacht.

97

Aufführung der Opéra-ballet „Les quatre Saisons" („Die vier Jahreszeiten") von Johann Christoph Schmidt im Gartentheater des Großen Gartens am 23. September 1719.

ten französischen Tänzen sangen und spielten Mademoiselle la Baronne de Löwendal, Monsieur le Comte de Vicedom, Mademoiselle la Baronne de Bibra, Monsieur le Prince Lubomirsky, Monsieur le Comte d`Oginski als Minerva, Apollon und Venus den Prolog, in dem Liebe und Vergnügen besungen wurden. Rührend ist die einfache Komposition Schmidts für die Laiendarsteller, von denen, im Gegensatz zu den italienischen Profis, natürlich keine vokalen Glanzleistungen erwartet werden konnten. Insgesamt 24 Damen und Herren der Hofgesellschaft waren an der Darstellung des Frühlings, Sommers, Herbsts und Winters beteiligt. Schon beim Festzug vom Schloss zum Großen Garten zeigten sie sich in ihren Kostümen als Gärtner, Winzer und Schnitter.

Voller Stolz präsentierte der Kurfürst am 26. September zum abschließenden **Saturn-Fest** im Plauenschen Grund, etwa neben dem Gelände der ehemaligen Felsenkeller-Brauerei gelegen, die Leistungen des sächsischen Bergbaus, die seit dem 12. Jahrhundert nicht nur den Reichtum der Herrscher sicherten, sondern auch eine stete Quelle technischer und zivilisatorischer Innovation waren. Schon 1591 führten Bergleute anlässlich eines Festumzuges erstmals einen Schmelzofen und ein Schaubergwerk mit. 1678 zu einem Famili-

Bergparade zum Saturn-Fest im Plauenschen Grund am 26. September 1719.

entreffen der Wettiner trug Kurfürst Johann Georg II. (1613–1680) eine kostbare Berggarnitur, geschmückt mit Rauchtopas, Bergkristall, Granat und Opal, welche der Oberbergamtsdirektor Freiherr von Löwendal 1719 tragen durfte. Dieser trommelte über 1.400 Bergleute zusammen, ließ sie in einer extra entworfenen Paradekleidung aufmarschieren, deren Kosten die Bergleute selbst übernehmen mussten. Da weiße Hosen für den Schacht ungeeignet waren, präsentierten die Bergleute ihre Paradekleidung erstmals ab 1730 stolz zu den adventlichen Bergparaden in den Städten des Erzgebirges, die bis heute viele Besucher anziehen.[18] Viele Bergleute trugen Stufen aus dem Grünen Gewölbe, kostbare Vorkommen von Edelmetallen und Edelsteinen. Hinter jedem Bergmann stand je ein Mitglied der Janitscharen-Garde, die darauf zu achten hatte, dass die Schätze der kurfürstlichen Sammlung nicht etwa im Dunkeln verschwanden.

Ein Teil der Bergleute arbeitete beim Schauverhütten an extra konstruierten kleineren Maschinen, Öfen und Pressen. Silbererz wurde verhüttet und abgegossen, um daraus Gedenkmünzen zu prägen (die Münzen waren vorher gefertigt worden, damit sich die adligen Herrschaften nicht die Finger am heißen Metall verbrennen sollten). An der Festtafel saßen auf der einen Seite die Gäste, auf der gegenüberliegenden Seite wurden Erze, Drusen und Mineralien sowie Erzeugnisse des Bergbaus präsentiert, z. T. auch in Fondant hergestellt. Auch das teure, üppig leuchtende Kerzenlicht, das den Plauenschen Grund und seine Hänge erhellte, beeindruckte die Bergleute, die nur mit Unschlitt (Talglichtern) unter Tage arbeiteten. In der Folge wurden einer Bergmannsfigur erstmals richtige Kerzen aufgesteckt – das Vorbild für alle Schnitzfiguren, die unsere Adventszeit ausleuchten.

Die Hochzeit 1719 – ein Fest der Verschwendung?

Nach der Kulturbarbarei der Nazis, dem alles zerstörenden Zweiten Weltkrieg und der jahrzehntelangen Missachtung der großen Kulturleistungen unserer Vorfahren können sie endlich wieder im rekonstuierten Residenzschloss Dresden gezeigt werden. Darauf kann man stolz sein. Und war es schon damals nicht sinnvoller, das Geld für diese Leistungen auszugeben als für sinnlose Kriege?

Qualität hat immer ihren Preis. Insgesamt war die Hochzeit 1719 eine sehr teure Sache. Die Landstände hatten 125.000 Taler bewilligt, ausgegeben wurden ca. sechs Millionen Taler. Über 1.000 Fürsten, Grafen, Barone und weitere Edelleute mit ihrem Gefolge fielen in Dresden ein und mussten standesgemäß untergebracht und verpflegt werden. Vier Wochen lang hatten sie durchzuhalten, tagsüber die Planetenfeste zu bejubeln oder an ihnen mitzuwirken, abends zu Festtafeln und Hofbällen, zur Oper oder Komödie zu erscheinen. Ausstattungen, Baukosten, Garderoben, Geschenke, Löhne für Künstler und Handwerker, die die vielen Pavillons und Tribünen für die einzelnen Feste aufbauten – das und vieles mehr war nun gegen harte Taler zu haben, und mancher musste lange auf die Rückzahlung warten.

August der Starke hielt diese teure Repräsentation für notwendig – einmal, weil er ein klares politisches Ziel verfolgte, und andererseits konnte er nur durch diese Pracht als ernstzunehmender Partner im europäischen politischen Spiel auftreten. Kaiser sind er oder sein Sohn nicht geworden, weil Karl VI. erst sieben Jahre nach August starb und der bayrische Kurfürst Karl Albrecht (1697–1745) als Kaiser Karl VII. wegen besserer verwandtschaftlicher Bindung zum Haus Habsburg die Kaiserwürde übernahm. Seine Tochter, die musisch hoch begabte Maria Antonia Walpurgis (1724–1780), wurde 1747 Frau des Enkels von August, Friedrich Christian (1722–1763), und führte 1763 das sächsische Finanzministerium.

Kursachsen selbst war durch die hohen Schulden nicht in Konkurs gegangen. Die Preußen haben es dann Brühl und August III. im Siebenjährigen Krieg heimgezahlt, auch weil sie als brandenburgische Spartaner wohl neidisch auf sächsischen Glanz waren. Wieder hatten Kriege zerstört, was Fantasie aufgebaut hatte. Und wieder erholte sich Sachsen in nur zwölf Jahren nach 1763 durch das Rétablissement, ein kluges politisches und ökonomisches Konzept, durchgesetzt von klugen Bürgern mit Weitblick.

Es ist zu billig, August als den großen Verschwender zu brandmarken oder Dresden als ausschließlichen Ort der Barockschwelgerei zu belächeln. Der König wusste, dass er z. B. mit dem sächsischen Bergbau einen großen Trumpf in der Hand hatte, den er gern vorzeigte. Es kommt wie eine späte Bestätigung vor, dass das Montangebiet sächsisches/tschechisches Erzgebirge seit kurzem den stolzen Titel des Weltkulturerbes trägt.

In der Vergangenheit gab es immer wieder Probleme, die Person des sächsisch-polnischen Königs von den Gebäuden zu trennen, die zum „kulturellen Erbe" gehören und nach 1945 wieder aufgebaut wurden. Die beschränkte Ideologie konnte sich nicht damit abfinden, dass beides zusammen gehörte.

Daher ist es wichtig, alle Quellen des sächsischen Selbstverständnisses zu benennen. Sie sind verbunden mit der Präsentation großer historischer Leistungen und zeugen davon, dass die intellektuellen, technischen und musischen Begabungen, die in diesem Land seit Jahrhunderten zu Hause sind, sich auch in den gegenwärtigen globalen Prozessen behaupten können.

Es ist letztlich ein Allgemeinplatz, wenn heute bei jeder Gelegenheit die europäische Karte gezogen wird. Man sollte sie trotzdem ziehen, denn was wäre das kleine Sachsen ohne seine Nachbarn und ohne Helfer aus allen Ecken Europas? Von überall kamen sie her, sandten ihre einmaligen Produkte oder fertigten sie im Schloss:

- Weber und Posamenteure aus Frankreich, Italien und aus Leipzig
- Spiegelbauer aus Frankreich und Berlin
- Möbelbauer aus Paris und Augsburg
- Maler für die Deckengemälde aus Paris
- Kupferstecher aus Frankreich
- Baumeister aus Italien
- Bühnenbildner aus Italien
- Musiker aus Frankreich, den Niederlanden, Italien, Böhmen und Polen

- Sänger aus Venedig
- Schauspieler und Tänzer aus Frankreich
- Hofpersonal aus Polen u.s.w.

Alle halfen den Sachsen, das Fest so glanzvoll zu gestalten und wurden wegen ihrer Geschicklichkeit im Integrieren von den französisch sprechenden Europäern *vigilant* genannt. Daraus machte die sächsische Zunge *fichelant*, was immer noch ein Ehrentitel ist.

Heute haben ca. 300 Handwerker und Kunsthandwerker aus ganz Europa zum Gelingen der Rekonstruktion beigetragen. Ohne das Zusammenwirken aller Kräfte, ohne die Nutzung allen Wissens, ohne die Neugier jedes Einzelnen, Altes neu zu entdecken, ohne den Ehrgeiz, den früheren Meistern genau über die Schulter und auf die Finger zu sehen, hätte ein solch beeindruckendes Gesamtkunstwerk, das seinesgleichen in Europa sucht, nicht entstehen können.

Der gegenwärtige Zustand (Juli 2020), wie ihn der Besucher erlebt, bietet noch immer kein abgeschlossenes Ergebnis, denn das Schloss war, wie schon erwähnt, eine ständige Baustelle. Waren mit Beginn der Vorbereitungen der Rekonstruktion die Themen, Erkenntnisse und Zielsetzungen ständigen Veränderungen und Erweiterungen unterzogen, so vertieft sich der Wissensstand auch heute noch. Es ergeben sich für die Forschung einzigartige Gelegenheiten, z.B. bei Möbeln oder Prunktextilien weitere Geheimnisse der damaligen Produktionsvorgänge und Materialien zu erkunden, wodurch das Wissen über die einmaligen Leistungen unserer Vorfahren vertieft werden kann, die unseren höchsten Respekt und unsere größte Bewunderung verdienen.

Anmerkungen

1. Staatsbetrieb Sächsisches Immobilien- und Baumanagement SIB Niederlassung Dresden I, Niederschriften der 39 Sitzungen der Gestaltungskommission vom 26. April 2008 bis 3. September 2019, Arbeitsmaterialien
2. Reiner Zimmermann (Hg), Antonio Lotti, Sinfonia zu „Giove in Argo", Partitur, Dresden/Berlin 2011/2012, ders. Sinfonia zu „Teofane", Dresden/Berlin 2011/2013
3. Staatsbetrieb Sächsisches Immobilien- und Baumanagement SIB Niederlassung Dresden I, Entwurfsplanung Bau, Residenzschloss Westflügel, 2. Obergeschoss, Paraderäume, Historischer Ausbau, Dresden 2010, Arbeitssmaterial
4. Staatsbetrieb Sächsisches Immobilien- und Baumanagement SIB Niederlassung Dresden I, Neun Dokumentationen Westflügel, erstellt von Hans-Christoph Walther im Auftrag des SIB I, Dresden 2011, Arbeitsmaterialien
5. Constellatio Felix, Die Planetenfeste Augusts des Starken anlässlich der Vermählung seines Sohnes Friedrich August mit der Kaisertochter Maria Josepha 1719 in Dresden, Staatliche Kunstsammlungen Dresden, Bestandskatalog des Dresdner Kupferstich-Kabinetts, herausgegeben von Claudia Schnitzer, Dresden 2014; enthält alle Kupferstiche von den Hochzeitsfeierlichkeiten vom 2. bis 30. September 1719
6. Hartwig Fischer, Wir müssen Weltoffenheit wiedergewinnen, Interview Der Tagesspiegel 17. Dezember 2017, dazu: Hans-Joachim Meyer, Kleistert Dresden seine Geschichte zu?, in: Sächsische Zeitung 2. Februar 2018
7. Sabine Schneider und Jutta Charlotte von Bloh, Ausstellungskatalog Paradetextilien Augusts des Starken 1697 und 1719, Die Originale und ihre fadengenaue Rekonstruktion für das Dresdner Residenzschloss, Köln 2013
8. Katja Doubek, August der Starke, Rowohlt-Monographie 2007, S. 8
9. Geschichte Carls des Zwölften Königs von Schweden Durch den Herrn von Voltaire. Frankfurt am Mayn bey Johann Gottlieb Garbe, 1756, S. 171 ff.
10. Staatliche Kunstsammlungen Dresden, Museales Konzept für die Räume des 2. Obergeschosses Westflügel des Dresdner Residenzschlosses, Arbeitsmaterial, vorgelegt von Galerie Alte Meister, Kunstgewerbemuseum, Rüstkammer

11. Staatliche Kunstsammlungen Dresden, Paraderäume, Dresdner Kunstblätter 4/2019, Christiane Ernek-van der Goes, Blau statt Schwarz, Die Spiegel im Ersten Vorzimmer, S. 35-43

12. Reiner Zimmermann (Hg), Johann Adolf Hasse/Maria Antonia Walpurgis, Cantata „Che ti dirò Regina", Dresden/Berlin 2011/2012

13. Schreiben Augusts „an den Cab: Minist: Wirckl. Geh. Rath, und General Intendant der Civil u. militair Gebäude Gr. v. Wackerbart" vom 22. Februar 1718, Sächs. HStA Dresden, 10026 Geheimes Kabinett, Loc. 773/16, Bl. 150R, zitiert nach Walther, Dokumentation Westflügel, Paradeschlafzimmer, Zeittafel, S. 2

14. Sächs. HStA Dresden, 10026 Geheimes Kabinett, Loc. 2091/66, S. 54/55, zitiert nach Walther, Dokumentation Westflügel, Paradeschlafzimmer, Zeittafel S. 3

15. Anon. Ausführliche Beschreibung des Ceremoniels, so am 2. Sept. Anno 1719. bey der Empfahung Ihro Hoheit Der Königl. Und Chur- Printzeßin von Sachsen, In dem Königl. Und Chur- Fürstl. Residentz- Schloß zu Dresden, auch Tages darauff bey der Oeffentlichen Tafel observiret worden. Dresden 1719, zitiert nach Walther, Dokumentation Westflügel, Paradeschlafzimmer, S. 13

16. Hans-Christoph Walther, Dokumentationen Westflügel, Dokumentation Audienzgemach 21. Möbel, S.6, 7

17. s. Anm. 15

18. Der Wiederaufbau des Dresdner Schlosses, Eine Baudokumentation 2008-2019 (Hg.) SIB Dresden 2020; die Interpretation der Deckengemälde von D. Richter bedarf einiger Korrekturen. Sie folgen Hinweisen von Sabine Posselt an den Autor.

19. Igor Jenzen, Das Zeichen für den Aufbruch, in: Sächsische Zeitung, Perspektiven, 9. Juli 2019

Bildnachweis

Deutsche Fotothek/SLUB Dresden
S. 8, 21, 43, 51, 58, 59, 62, 64 (links), 75, 85, 93 (Constellatio Felix, Bl. 110), 94 (Constellatio Felix, Bl. 117), 97 (Constellatio Felix, Bl.175), 98, 99
Staatliche Kunstsammlungen Dresden, Kupferstich-Kabinett, Constellatio Felix, Inventar-Nr. Ca 202
S. 18 (Titelblatt), 44 (Bl. 30 und 32), 45 (Bl. 69), 52 (Bl. 84), 70 (Bl. 73), 74 (Bl. 76), 92, 96 (Bl. 152)

Romy Petrick
S. 6, 10, 16, 20, 35, 47, 49, 55, 59, 60, 61, 62, 63, 64 (rechts), 67, 68, 72, 76, 79, 82, 86, 87, 88, 89

Wikimedia
S. 33, 36, 42, 53, 52, 57, 58

SIB Protokoll der 20. Sitzung der Gestaltungskommission, Skizze 2 von Jens-Uwe Anwand
S. 30

Landesamt für Denkmalpflege Sachsen (Bildsammlung)
S. 40

Literatur

Anonym: Ausführliche Beschreibung des Ceremoniels, so am 2. Sept. Anno 1719. bey der Empfahung Ihro Hoheit Der Königl. Und Chur-Printzeßin von Sachsen, In dem Königl. Und Chur- Fürstl. Residentz-Schloß zu Dresden, auch Tages darauff bey der Oeffentlichen Tafel observiret worden. Dresden 1719, zitiert nach Walther, Dokumentation Westflügel, Paradeschlafzimmer, S. 13

Doubek, Katja: August der Starke, Hamburg, 2007, S. 8

Ernek-van der Goes, Christiane: Blau statt Schwarz, Die Spiegel im Ersten Vorzimmer, in: Dresdner Kunstblätter 4/2019, S. 35-43

Fischer, Hartwig: Wir müssen Weltoffenheit wiedergewinnen, Interview in: Der Tagesspiegel vom 17. Dezember 2017

Garbe, Johann Gottlieb: Geschichte Carls des Zwölften Königs von Schweden Durch den Herrn von Voltaire. Frankfurt am Mayn, 1756, S. 171 ff.

Jenzen, Igor: Das Zeichen für den Aufbruch, in: Sächsische Zeitung, Perspektiven vom 9. Juli 2019

Meyer, Hans-Joachim: Kleistert Dresden seine Geschichte zu?, in: Sächsische Zeitung vom 2. Februar 2018

Schneider, Sabine und von Bloh, Jutta Charlotte: Paradetextilien Augusts des Starken 1697 und 1719, Die Originale und ihre fadengenaue Rekonstruktion für das Dresdner Residenzschloss, Ausstellungskatalog, Köln 2013

Schnitzer, Claudia (Hrsg.): Constellatio Felix, Die Planetenfeste Augusts des Starken anlässlich der Vermählung seines Sohnes Friedrich August mit der Kaisertochter Maria Josepha 1719 in Dresden, Staatliche Kunstsammlungen Dresden, Bestandskatalog des Dresdner Kupferstich-Kabinetts, Dresden 2014

SIB, Staatsbetrieb Sächsisches Immobilien- und Baumanagement, Niederlassung Dresden I, Niederschriften der 39 Sitzungen der Gestaltungskommission vom 26. April 2008 bis 3. September 2019, Arbeitsmaterialien

SIB: Der Wiederaufbau des Dresdner Schlosses, Eine Baudokumentation 2008-2019, Dresden 2020

Walther, Hans-Christoph: Dokumentationen Westflügel, Arbeitsmaterial, im Auftrag des SIB, Dresden

Zimmermann, Reiner (Hrsg.): Antonio Lotti, Sinfonia zu „Giove in Argo", Partitur, Dresden/Berlin 2011/2012, ders. Sinfonia zu „Teofane", Dresden/Berlin 2011/2013

Zimmermann, Reiner (Hrsg.): Johann Adolf Hasse/Maria Antonia Walpurgis, Cantata „Che ti dirò Regina", Dresden/Berlin 2011/2012

Zimmermann, Reiner: Dresdner Disneyland. Debatten um den Wiederaufbau des Dresdner Residenzschlosses nach 1990, in: Sächsische Heimatblätter, 66 (2020), Heft 3, S. 216-229

Mein Dank gilt:

- Birgit Grimm, Redakteurin im Feuilleton der Sächsischen Zeitung, die mir im Juli/August 2019 auf unkomplizierte Weise Gelegenheit bot, in sieben Folgen über die Hochzeit von 1719 zu berichten, die zu einer Keimzelle des Buches geworden sind
- meiner Verlegerin, Dr. Romy Donath, für die Grundidee des Buches, die Gestaltung der Räume von 1719 den Bemühungen um die heutige Wiederherstellung gegenüberzustellen
- Prof. Dr. Gerhard Glaser, den ich zu jeder Zeit zu jeder Einzelheit befragen konnte
- Chefrestaurator Hans-Christoph Walther, der mir bereitwillig seine Aktenschränke mit allen gesammelten Dokumenten zu den Paraderäumen öffnete
- Dr. Sabine Schneider, Prof. Dr. Heinrich Magirius und Horst Witter für ihre Unterstützung in vielen fachlichen Belangen
- Ludwig Coulin (SIB) für seine Idee, mich in die Schlosskommission zu berufen
- Dr. Ulf Nickol, Holger Krause und Sylvia Noack (SIB) für die stets kollegiale Hilfe und Zusammenarbeit
- meiner Frau Eva Zimmermann für die stetige Anteilnahme an meiner Arbeit in der Schlosskommission und der Entstehung des Buches, für helfende Kritik und sorgfältige Durcharbeitung des Manuskripts.

Juli 2020,
Reiner Zimmermann